皮膚科専門医が教える「合成界面活性剤」の危険性

美肌になりたければ、その肌《スキン》ケアをいますぐやめなさい。

皮膚科専門医
西正行

自由国民社

はじめに

フェイク化粧品にだまされないで

テレビCMを見ていると、たくさんの化粧品の広告が目に飛び込んできます。ちょっとチャンネルを変えただけでも、次から次へとものすごい数です。

しかも、そのCMに登場するイメージキャラクターは、肌が美しい人ばかり。まるで各メーカーが競い合うように、目移りするほど美しい芸能人が登場します。

陶器のようになめらかで、まったく曇りのない肌の持ち主たち。そして、一緒に映し出されるスキンケアの新製品。

そんなCMに促され、美肌をめざして化粧品を買い求める人も少なくありません。

そして、毎日、朝晩、たくさんの化粧品を使って、スキンケアに励んでいます。

でもその裏で、日本人女性の90％が肌に悩みを抱えていることをご存じでしょうか？

そしてその原因は、実は化粧品にあるかもしれないと言ったら、驚かれるでしょうか。

ファンデーション、クレンジング剤、洗顔料、化粧水、美容液、保湿剤。

さらにはシャンプー、コンディショナー、トリートメント……。

ありとあらゆる化粧品には「合成界面活性剤」が含まれていて、そこに問題があるのです。


肌には本来、外からの異物の侵入を防ぎ、水分や脂分を保持して体を守る「バリア機能」が備わっています。

「合成界面活性剤」は、そのバリア機能を壊して、有効成分を肌に浸み込ませます。

なぜなら、どれだけ肌に有効な美容成分も、肌のバリアを壊さないと浸透しないからです（※1）。

※1　500ダルトンルール：皮膚への浸透にはさまざまな要因が影響しますが、分子量が500ダルトン以下の小さい物質は、肌バリアを壊さなくても浸透します。

また、「しっとり」「なめらか」「ツルツル」といった、化粧品のつけ心地を良くするためにも、「合成界面活性剤」は必要不可欠です。化粧品のつけ心地を追求すれば、当然ながら「合成界面活性剤」の使用量はどんどん増えます。

さらに、**「合成界面活性剤」は水分を逃しにくい性質があるため、化粧品メーカーは「合成界面活性剤」を「保湿成分」としても、化粧品に配合しています。**

化粧品メーカーの仕事は、「美」を求める人たちに夢を売ること。

しかし、肌を美しくするために毎日、一生懸命保湿をしていたはずなのに、その保湿剤が肌の健康を損ねていたら……?

乾燥肌を改善するためにたっぷりと塗っていた美容液や保湿剤が、実は乾燥肌の原因だったら……?

実際のところ、これらの化粧品が肌を傷つけることもあるのです。

「リペアリングキャンプ」で美人肌活をしよう

いまから約4億年前、人類の祖先は水中から陸へ上がりました。そして約900万年前、人類は木の上から下りて地上生活を始めたと言われています。
そうした環境の変化に伴って、私たちの肌は、体を守るために自動的に保湿される仕組みを手に入れました。

実は、人類の肌は乾燥に強いのです。

自動的に保湿される仕組みは、「肌の生まれ変わり」によって支えられています。
英語で言うと「ターンオーバー」。

ターンオーバーさえ正常なら、肌は自動的に保湿され、バリア機能が維持される仕組みが人間には備わっているのです。

人間が生み出す文明が発展している一方で、人間の体は約1万年前の縄文時代から進化していません。
たとえば、飢えに強い仕様なので、できるだけ栄養を蓄えようとし、食べすぎると効率よくメタボリックシンドロームになります。

同様に、肌はもともと乾燥仕様ですから、保湿をしすぎるとターンオーバーが乱れ、バリア障害を起こしてしまいます。

肌への過剰な刺激だけでなく、過保護もご法度。

過剰な保湿を続けると、肌はせっかく備わった保湿力を発揮できなくなるのです。

振り返ってみてください。

あなたが毎日、せっせと肌に対して行っていることは、「過剰な保湿」ではありませんか？

「美肌のためには保湿が肝心」と、お風呂から上がったらすぐに保湿剤をつけ、日中、乾燥していると思ったらすぐに化粧水のスプレーを振りかけ、片時も乾燥しないように気をつけているのではありませんか？

そして、肌が乾燥しないように潤い効果の高いファンデーションを塗り、朝から晩まで皮膚を覆い尽くしているのではないですか？

良かれと思ってやっている毎日のお手入れが、実は、肌にとっては過剰だった――そう言われても、突然化粧品を使うのを完全にやめられる人はごくわずかでしょう。

「メイクをしなければ外出できない」

「保湿剤を塗らないなんて絶対無理」

大半の人がこのように思うでしょう。


そこで私が提案するのが、**「リペアリングキャンプ」**です。

詳しくは186ページ以降で説明しますが、急にメイクをやめるのが難しい人には「ソフトリペアリングキャンプ」、一度肌をしっかりリセットしたい人には「ハードリペアリングキャンプ」を勧めています。

いずれの場合も、はじめて「リペアリングキャンプ」を行ったら、最初は強い乾燥を感じるでしょう。実は、それがあなたの現在の地肌の状態なのです。いままで行ってきたスキンケアの結果だと言えるでしょう。

でも、そこがスタートライン。あとはどんどんリペア（修復）されていくしかありません。ワクワクしませんか？

理想を言えば、1か月ほど、「リペアリングキャンプ」を続けましょう。きっと大半の人が数日のうちに、自分の肌の保湿力が、再び目覚めたことを感じるはずです。

さらっとしてキメが整い、トーンアップした肌。

それを手に入れたら、大量の化粧品を塗りまくっていた日々には戻れなくなりますよ。

化粧品が肌に悪いことは証明されている

自己紹介が遅くなりました。読者のみなさん、はじめまして。

皮膚科専門医の西正行《にしまさゆき》です。


私は、子どもの頃、典型的なアトピー性皮膚炎でした。

成長とともに改善はしてきたものの、手湿疹《てしっしん》だけは最近まで続いていました。特に、冬場の亀裂性湿疹《きれつせいしっしん》（パックリ割れ）は毎年の悩みでした。

ある日、使っていた保湿剤に「合成界面活性剤」が入っていることを知り、強い興味を抱くようになりました。

そして、頭に閃《ひらめ》いたことを実践したところ、パックリ割れを起こさなくなったのです。

それは、**シャンプーとボディソープの使用をやめること**でした。

２０１８年11月25日を最後に、使用をやめました。すると、例年は11月末頃からパックリ割れが始まっていたのに、その年は12月の終わりになっても、まったく手荒れが起こりませんでした。


いままでの生活との違いは何か?

それは、まったくシャンプーやボディソープを触らなくなったこと。

パックリ割れの原因が、合成界面活性剤入りの洗浄剤を使い続けたことだったと、偶然にも私の体は証明していたのです。


私は、肌荒れで悩みクリニックへ訪れる患者さんにも、そして、人知れず肌トラブルに苦しんでいる多くの方にも、「脱・合成界面活性剤」の生活をお勧めします。

とはいえ、毎日当たり前のように使ってきたものをやめるのは精神的な不快感を伴います。どんなに体に良いことでも、理屈や正論ではなかなか人は動けないものです。

人が行動を起こすには、幸せな気持ちになるようなウキウキやワクワク感が必要です。

そこで、「やってみようかな」と、少しでも多くの人に思ってもらえるように、誰もが自分のペースで取り組める「リペアリングキャンプ」を思いつきました。

私の考案した「リペアリングキャンプ」は、誰でも実践することができます。

ひどい肌荒れに悩んでいる人から、特にトラブルはないけれどもっと健康で美しい肌をめざす人まで、誰でもトライすることができます。

誰一人、取り残さない——。

これが、この「リペアリングキャンプ」を考案するうえでの、私のモットーでした。


美肌やスキンケアと言えば、これまで関心を持つのはほとんど女性と思われていました。

しかし徐々に、性別を問わないテーマになってきたことを感じます。

本書は、まずは女性を念頭に置いた書き方にしていますが、もちろん女性だけに限りません。性別や年齢に関わらず、素肌の健康と美しさに関心のある方、特に肌のためにお金も時間もかけてきた人にこそ、化粧品にだまされることなく、本当の美肌を手に入れてほしいと思います。


必要なのは、思い込みを捨てて自分の地肌力を信じる、ほんの少しの勇気です。

勇気を出して、肌本来の地肌力を取り戻す、自然なスキンケアを始めてみませんか？

目次

第2章　いますぐ「スキンケア」をやめなさい

第3章　シャンプーをやめたら手荒れが治った

第4章　専門医でも見抜けない化粧品の安全性

第5章 肌をよみがえらせる「リペアリングキャンプ」

第6章 「リペアリングキャンプ」で挫折しないために

第7章　変えるのは化粧品ではなく、あなたの「考え方」

第1章
肌トラブルは「スキンケア」が原因だった!?

最近「赤《あか》ら顔《がお》」の女性が増えている？

私のクリニックを訪れる半数以上の患者さんが、女性です。そのうち多くの人が、ニキビや肌荒れ、シミなどの肌トラブルに悩んでいます。

中でも**最近、特に多いと思うのが、自分では気づかないうちに、「赤《あか》ら顔《がお》」を発症している女性**です。

「赤ら顔」と聞いて、どんな症状か思い当たるでしょうか。赤ら顔にまったく縁がない人は、ピンとこないかもしれません。

「赤ら顔」とは、文字通り、顔が赤くなってしまうことをいいます。

赤くなるといっても色の現れ方は人それぞれで、頬や小鼻の周りなど顔の中心だけが赤くなる人もいれば、顔全体がほてったように赤くなってしまう人もいます。

顔が赤く見えるのは、皮膚表面の細い血管である毛細血管が、なんらかの原因で広がっているからです。これを「毛細血管拡張症《もうさいけっかんかくちょうしょう》」といいます。なぜ、患者さんからの訴えがないのにこれに気づいたのかというと、近年、皮膚科の診断ツールとして、ダーモスコピーという特殊な拡大鏡を使うようになったからです。もともとは皮膚の腫瘍やホクロなど、色素性病変を詳しく診察する時に使う道具なのですが、これを使って顔のシミを診察している時に、シミのある部分やその周囲の毛細血管が拡張していることに気がつくようになったのです。

また、患者さんが「シミです」と訴えている部分が、実はシミではなく、毛細血管拡張が肉眼ではシミのように見えていたということもよくあります。もちろんその部分にシミ取りレーザーを照射してもそのシミ（もどき）は取れません。

毛細血管拡張による赤ら顔を特徴とする疾患に「酒《しゅ》さ」があります。これは鼻や頬、顎などが赤くなる病気で、ほてりを伴い、肌が敏感になります。症状が進行すると、赤ら顔に加えてニキビ様のブツブツも現れてきます。

顔全体が赤くなっていれば、さすがに自分でも気づくでしょう。でも血管の拡張がそれほどでもなかったり、顔の一部しか赤くなっていなかったりする場合には、顔に赤みが出ていることに気づかない場合もあります。だから患者さんに「血管が拡張して、顔に赤みが出ていますよ」と指摘すると、「えっ、そうなんですか！」と驚かれるのです。

毛細血管拡張症の原因はさまざまで、紫外線や摩擦、そして、「一次刺激性皮膚炎」といって、なんらかの物質に接触したことが原因で発症する場合もあります。私は多くの患者さんにおいて、ある共通の「一次刺激性物質」が原因になっていると考えています。

それは、「合成界面活性剤」です。すなわち、日々の暮らしで合成界面活性剤を使用していることが、肌トラブルの原因になっているのです。

また、先述した「シミのある部分やその周囲の毛細血管が拡張している」原因として、シミ取り化粧品に含まれる界面活性剤の影響はもちろんですが、そもそもシミができている部位は紫外線の影響を受けている部位ですし、シミを取ろうとしてこすりすぎたり、シミ取り化粧品をすり込んだりする摩擦の影響が考えられます。

もちろん、赤ら顔の患者さんのなかには合成界面活性剤が原因ではなく、遺伝や生まれつきの体質という人もいます。しかしそういう人は、たいてい子どもの頃から赤ら顔に悩まされているので、すぐにわかります。

でも、**大人になってから赤ら顔に悩むようになった人の多くは、合成界面活性剤が原因である**——。これが、皮膚科医として私が臨床を重ねるうえで、常々実感していることです。

また、「酒さ様皮膚炎（赤ら顔）」は約1か月、既存の洗顔、化粧品、薬剤外用を中止し、保湿ケア（ワセリンを使用とのこと）をするだけで改善する」との報告（第31回日本臨床皮膚科医会九州ブロック学術教育講習会〈２０１５年4月26日〉）もあり、これも私が赤ら顔の原因は合成界面活性剤だと考える根拠のひとつです。なぜならば、洗顔料、化粧品、外用剤に共通の成分は、合成界面活性剤と考えられるからです。

日本人女性の90％が悩む肌トラブル

女性が何人か集まれば、肌やメイクの話題になることは多いでしょう。キレイな肌をしている友人には「どんなお手入れをしているの？」と尋ねるかもしれませんし、肌トラブルに悩んでいる人は、「何か、良い治療法はないかしら」と、友人にアドバイスを求めるかもしれません。

くらし情報メディア「ヨムーノ」が２０２０年4月、21～56歳の女性１３２人を対象に行った「スキンケアに関するアンケート」によると、約90％の女性が「過去に乾燥肌・敏感肌などのデリケート肌に悩んだことがある」と回答しています。デリケート肌を体験するきっかけになったのは、仕事の変化や結婚、妊娠・出産など、人生の大きな転機であることが多く、男性に比べて女性はライフイベントの影響を受けやすく、ホルモンバランスの乱れを起こしやすいことが要因として考えられます。

もちろん、そうした人生の転機では、精神的にも不安定になりますし、その不安定さが肌荒れにもつながります。「ストレスがたまるとニキビができる」という経験をしたことがある人は、少なくないでしょう。これは、**交感神経が優位になることで自律神経のバランスが崩れ、肌の健康を害する**からです。

肌荒れが進めば、肌の免疫機能も低下してしまいますし、ちりやほこり、紫外線など、肌にとって悪影響をもたらす刺激の影響を受けやすくなってしまいます。その結果、普段と同じお手入れをしていても、突然、ニキビや吹き出物ができてしまったり、肌がくすんでしまったりします。

つまり、**「デリケート肌に悩んでいる」という人は、肌そのものがデリケートになっているのはもちろんのこと、メンタル面もデリケートな状態になっている**、と言えるのです。

逆に、肌の調子が良い時は、気持ちも上向きになってきますし表情が明るくなります。自分に自信が持てるようになり、恋愛も仕事も、なんでもうまくいきそうな感じがします。

肌の状態が良いだけで、日常生活が大きく変わるのですから、ぜひいつでも元気な美肌でいたいものです。

しかし現実は、そう甘くありません。

多くの女性がさまざまな原因によって肌トラブルを経験しています。シミ、シワ、乾燥、ニキビ、くすみ、たるみ、ハリがない、毛穴が目立つ、クマがひどいなど、悩みを数え上げたら、キリがありません。

そんなふうに、肌トラブルがひどい時に、あなたはいったいどうしますか？

きっと多くの女性が、「いままで以上に、丁寧にスキンケアをする」「スキンケア用品を変えてみる」というような対策を取るのではないでしょうか。

あるいは、「化粧をもっとがんばって、シミやシワなどが目立たないようにする」と、化粧美人になるために涙ぐましい努力をする方も多いのではないでしょうか。

がんばって化粧美人になったとしても、「絶対、化粧を手抜きできない」というのはプレッシャーになりますし、温泉やプールなどスッピンにならざるを得ないシーンもありますよね。

でも、「キレイに化粧をしなければ、周りの友だちと比べて恥ずかしい」と、素肌をひたすら隠し、化粧美人になるために高い化粧品に手を出す人も多いことでしょう。

実はこれが、スキンケアが泥沼化するきっかけです。

「いままで以上に、一生懸命スキンケアをする」ということは、**スキンケアからは決して逃れられない、スキンケアをせずにはいられない、**という状態に陥り、もがけばもがくほど泥沼から抜け出せなくなってしまうのです。

化粧依存症から化粧中毒になっている

依存症には、いろいろな種類があります。チョコレートやコーヒーなどの依存症もあれば、携帯電話を手離せない依存症もあるでしょう。ゲームを始めたら止まらない人もいれば、危険度の高いものにアルコールやタバコの依存症もあります。

そんななかで、**おそらく多くの日本人女性が陥っている依存症があります。それは、「化粧依存症」です。**

化粧をせずにはいられない。スッピンで外を歩くなんてとんでもない。そんな女性も多いと思います。

でも、思い出してみてください。あなたが化粧を始めたのは何歳の時でしたか？　その頃は、いまよりももっと薄化粧で、ナチュラルメイクではなかったですか？　使用する化粧品の種類も少なく、もっとシンプルな化粧でも、外をイキイキと歩いていたのではないですか？

当時に比べたら、多くの女性が間違いなく、使用する化粧品の種類が多くなり、新しい化粧品が出たと聞けば試してみたくなって、化粧が上手な人の真似をしている……。多くの女性が「化粧依存症」に陥っているのではないでしょうか。いえ、もしかしたら依存症を超えて、何かしらの不利益をこうむる中毒になっているかもしれません。

以前、イギリスのメイク会社が、「あなたは化粧中毒になっていませんか？」というテーマで、次のようなアンケート調査を行いました。あなたはどうでしょう？　ひとつでも当てはまったら、あなたは化粧中毒（あるいは化粧依存症）かもしれません。

1．メイクポーチを自宅に忘れると、時間がなくても取りに戻る

メイクポーチが手元にないと落ち着かないという女性は多いのでは？「それがないと落ち着かない、急いでいても引き返す」というのは、すでに依存症を超えて中毒である証拠です。

2．友だちにメイクの濃い人が多い

周りの友だちもみんなメイクが濃いと、自分のメイクが濃いのか薄いのか判断が鈍ります。「自分はメイクが薄い」と思っていても、友だち以外の人と比べたら十分、濃いかもしれません。

3．ノーメイクでいると、自分に対する周囲の対応が変わると思う

「メイクをしてキレイでいると周りの人がやさしく接してくれる」と思っていませんか？反対に、スッピンだとなんだか周りがよそよそしく、冷たく感じると思っている人もいるかもしれません。しかしそれはただの思い込みで、メイクという仮面をかぶることで自分に自信がつくだけかもしれません。

4．メイクをしている時の方が、仕事がはかどる

メイクをしていると自分に自信を持つことができ、仕事がはかどると感じている人は、化粧依存が重症化し、中毒化しているかもしれません。裏を返せば、メイクをしていないと自分に自信がなく、仕事にも集中できないということで、メイクをしないと何もできないということになってしまいます。

5．「ノーメイクでいなさい」と命令されても、決して守れない

「ノーメイクでいなさい」と命令されて「イヤだ」と答える人は完全な化粧中毒（あるいは依存症）。「ずっと家のなかにいるなら」「誰にも会わなければ」「１日だけなら」など、条件がつく人も同じです。

どうでしょう。当てはまるものはありましたか。

イギリスではこのアンケートに女性３０００人が回答し、そのうち半分以上が、「ノーメイクでは外出できない」と答えていたのだそうです。

おそらく日本でも同様、あるいは、もっと多くの女性がそのように答えるのではないでしょうか。その証拠に街を歩けば、年頃の女性のほとんどがきちんとメイクをしています。東京や大阪などの大都市であれば、ほぼ１００％の女性がメイクをしており、そのうえ中学生、時には小学生までもメイクをしていることがあるほどです。

なぜ、多くの女性が化粧中毒になるのかというと、それにはいくつかの理由があります。

まずは環境の問題。**子どもの頃から母親が化粧をしているのを見て育った女の子は、当然、「自分も大きくなったら化粧をするもの」と認識します。**

さらに、年頃になれば「女性なら化粧ぐらいしなさい」と周囲から指摘されることもあるかもしれませんし、男性から「化粧は女性の身だしなみ」と言われることもあるかもしれません。

それから、宣伝広告の問題もあります。化粧品のテレビCMや雑誌広告はどれも美しく、洗練されています。キレイな芸能人が登場し、化粧品をPRすることで、「この化粧品を使えば、自分も同じようにかわいくなれる」と思ってしまうかもしれません。まさに、**化粧品の広告は夢を見せるのが仕事**なのです。

そうした環境のなかで、きらびやかな宣伝広告にさらされて育てば、ほとんどの人が化粧に対する憧れを抱くようになります。大きくなったら当たり前のように化粧品をそろえ、時にはメイク教室に出かけ、雑誌やYouTubeなどで化粧の仕方を覚え、友だちとお勧めの化粧品について情報交換し、新商品が出たと聞けばすぐに試す……というように、どんどん化粧にどっぷり浸った生活になっていきます。

そしていつの間にか、化粧依存症、そして化粧中毒になってしまうのです。

肌美人の「何もしていない」は真実《ホント》

ある日、テレビを眺めていたらこんなシーンに出くわしました。
インタビュアー「お肌がとてもキレイですよね。美肌を保つ秘訣は何ですか？」
美肌の女優「いえいえ、何もしてないんですよ～」
インタビュアー「またまた！　本当は秘密のスキンケアがあるんじゃないですか？」
美肌の女優「本当に何も特別なことはしてないんですよ～」

この会話を聞いて、みなさんはどう感じるでしょうか？

「女優だし、お金もたくさんあるだろうから、本当は、とてもお金のかかるような特別なスキンケアをしているんでしょ？」

「何もしていないなんて、嘘ばっかり！」

そう思う人も多いのではないでしょうか。

しかし、私はこう思います。

「本当に何もしていないか、最低限のスキンケアしかしていないんだろうな」と。

スキンケアには無頓着で、メンズ化粧品なんて見向きもせず、全身（もちろん、頭髪も含めて！）固形石けんでサッと洗っておしまいというおじさんは、少なくありません。特別なケアなんてまったくしておらず、むしろ、生まれてこの方、ほとんど手入れなどしていないおじさんの肌が、思いの外キレイだと感じたことはありませんか？

美肌の女優さんと、美肌のおじさん。その共通点は「ほとんど何もしない」ことです。

何もしないことが美肌の秘訣だとしたら、毎日、一生懸命お手入れをし、少なくないお金を注ぎ込んできた「スキンケア」が、逆に肌を傷めていたということになります。

「スキンケアが、肌を傷めていたなんて……そんなバカな！」

がんばって高級ラインの化粧品をそろえ、高額な美容液を一生懸命塗ってきたあなたが、そう思いたくなる気持ちはよくわかります。

しかしそれは、紛れもない事実です。

化粧品が売れなくなったら困るので、どの化粧品会社も決して口にしませんが、**「スキンケアをすればするほど肌が傷つく」というのは、皮膚科医として、自信を持って語ること**

ができる事実です。

誰もが、トラブルを解消するために、つい、何かをやりたがります。シミ、シワ、たるみに代表される3大老化症状以外にも、くすみ、そばかす、乾燥肌、ニキビなど気になる肌トラブルには、キリがありません。

それらを少しでも解消するため、友だちに勧められたアンチエイジング・クリームを使ってみたり、国産の化粧品が合わないからと、海外のオーガニックコスメに手を出してみたり……。ボーナスが出たら精一杯奮発して、高価な美顔器を使い始める人もいるでしょう。芸能人が愛用していると聞いた超高級美容液を使う人もいるかもしれません。

それなのに、肌に関する悩みは解消されなかったどころか、さらに多くのトラブルを抱えるようになった……。そんな話を私は職業柄よく耳にします。実際に、そういう患者さんも多く私のクリニックを訪れます。

もしかすると、**あなたがいま抱えている肌トラブルの原因は、それを解消しようと思って使い始めたスキンケア用品かもしれませんよ。**

スキンケアに無頓着なおじさんが、なぜ、肌を美しく保つことができるのか。それはおじさんの「地肌力」のレベルが高いからです。「地肌力」とは言い換えれば、本来、その人の肌が持っている「美しくなろうとする力」のこと。つまり、**自分の「地肌力」をできるだけ高めることができれば、あえて高級な化粧品や美容液に頼らなくても、肌が勝手に最高の状態をキープしてくれるのです。**

この**「地肌力」を高めるのに必要なこと、それは、実は「何もしないこと」です。**

美容液やクリームをプラスする「足し算的発想」をやめて、使う化粧品の種類を減らす「引き算的発想」に今日から切り替えてみましょう。そうするだけで、あなたも何もせず肌美人になれるのです。

メイクは肌に悪いけど、スキンケアは肌に良い？

時々、私のクリニックに来る患者さんで、こんなことを話す人がいます。

「先生、肌の状態が悪いので、メイクはやめてスキンケアだけにしています。この方が、肌に負担がなくて良いんですよね？」

この患者さんと同じ考え方をしている人は、とても多いと思います。メイクは悪い、スキンケアは良い。そんな考えはいったいどこから生まれているのでしょうか。

新型コロナウイルスの感染拡大により、毎日の出社がなくなって自宅での仕事に切り替わり、「どうせ誰とも会わないのだから、化粧をするのをやめました。朝晩のスキンケアだけにしています」という女性も少なくありません。「肌のためには化粧をせず、スッピンでいる方が良いんですよね」という女性も大勢います。

そもそも、スキンケアとメイクの違いは何でしょうか。

スキンケアとは、簡単に言えば、肌の手入れのこと。言い換えれば、**「肌が健康で美しく保たれるよう、環境を整えてあげる」**ということです。

スキンケアで用いるのは基礎化粧品です。**基礎化粧品には、①汚れを落とす（クレンジングオイル、クレンジングクリーム、クレンジングジェル、洗顔料など）、②潤いを与える（化粧水、美容液、ジェルなど）、③保湿（乳液、クリームなど）という、３つの働きがあります**（※2）。

※2　一般に、皮膚科学的にいうスキンケアでは、「②潤いを与える」と「③保湿」は合わせて「保湿」に含まれます。ここでは基礎化粧品の考え方に沿って、あえて②と③に分類しています。

場合によっては、潤いを与えるために、水分や油分を肌に浸透させる美容液を使うこともあるでしょうし、また、化粧水をもっと浸透させたい人は、化粧水の前に導入化粧水や導入美容液を使うこともあるでしょう。

それに対し、**基礎化粧品のあとに使う化粧品がメイクアップ化粧品です**。ファンデーションやアイシャドウ、アイライナー、マスカラ、チーク、口紅など、その種類は多種多様。「口紅だけでも10本以上持っている」という人もいるでしょうし、「アイシャドウの新色が出たら、つい試したくなる」という人もいるでしょう。

メイクアップ化粧品の方が見た目を大きく変えるパワーがありますし、色使いも派手です。しかし、ファンデーションが毛穴につまってニキビの原因になることもありますし、あまり質の良くないマスカラをたっぷりつければ、繊細なまつ毛にダメージを与えることもあります。

「メイクアップ化粧品は肌に悪い。だから、できるだけメイクを休む日を作ったり、出先から帰ったらすぐにメイクを落としたりすること。そして、スキンケアを丁寧に行うことが、美肌を作るためにとても大切」

そんなふうに考えている人も多いのではないでしょうか。

結論から言うと、それはある意味「間違い」です。

実は、**肌に良いというイメージがあるスキンケアも、肌にダメージを与える犯人である場合が多い**のです。

なぜ、スキンケアが肌にダメージを与えるのでしょう？

原因はさまざまあります。たとえば、**肌質に合っていないものを使っている場合、肌には大きなダメージとなります。**もともと乾燥肌なのに、「さっぱりするタイプ」の化粧品や乳液を使っていれば、ますます肌は乾燥してしまいます。反対に、いつも顔がテカテカしている脂性肌タイプの人が、「しっとりするタイプ」の濃厚なナイトクリームを使うと、余計に肌がテカる原因になってしまいます。

また、スキンケアが肌にダメージを与える原因としては、**製品に使われている成分の品質が悪い**ということも挙げられます。必ずしも、製品の金額は品質に比例しているわけではなく、なかにはリーズナブルな価格なのに品質がとても良い、良心的な製品もあるかもしれません。

しかし残念なことに、本当にまじめに、質の良いスキンケア製品を作っている化粧品会社はそれほど多くありません。ほとんどの化粧品会社が、香りや質感、手触り、使い心地などを考えて、余計な成分を追加しています。

なかでも、**最も恐ろしいもののひとつが「合成界面活性剤」**。

これは石油などを原料に、人工的に作られた物質のことです。肌のみならず、人間の全身にさまざまな影響を及ぼす化学物質で、食器用洗剤や洗濯洗剤に多く使われていると言えば、だいたいイメージがつくでしょう。

実は、**多くの化粧品がこの合成界面活性剤を原料として使用しています。**メイク化粧品のみならず、肌に直接たっぷりつけるスキンケア化粧品にも、当然のごとく、合成界面活性剤が使われています。

まさにスキンケアの恐ろしさ。「スキンケアをがんばっているのに、肌トラブルがまったく改善しない」「むしろ、スキンケアをがんばればがんばるほど、肌トラブルが多くなった」という人が多いのは、化粧品に含まれる合成界面活性剤に原因があったのです。

そもそも「合成界面活性剤」って何？

合成界面活性剤とは、いったい何でしょうか？　その説明の前に、まずは「界面活性剤」

について理解しておきましょう。

界面活性剤とは、文字通り、**界面（異なった性質を持つ2つの物質が接する時の境界面）に作用して、界面の性質を変化させる物質の総称**です。水になじみやすい「親水性」と、油になじみやすい「親油性」という2つの性質を持ち、本来なら反発するはずの「水と油」をなじませるのに用いられます。

例として、マヨネーズを思い浮かべてください。手作りをしたことがある人はわかると思いますが、マヨネーズの原料は、主に、酢、油、卵黄です。本当なら、油と酢は分離してしまい、なじみません。でも、卵黄に含まれるレシチンという成分が界面活性剤の役割を果たし、酢と油を混ぜてくれます。

界面活性剤には、レシチンのような天然のものと、人工的に作られるものがあります。合成界面活性剤とは後者のタイプで、石油などを原料にして人工的に作られます。

界面活性剤にはいろいろな働きがありますが、そのひとつに「汚れを落とす」という役割があります。

たとえば、石けんは界面活性剤の働きを利用しています。石けんは油脂とアルカリを原料にして作られています。油脂は動物や植物など天然由来のものが多く、アルカリである苛性ソーダ（水酸化ナトリウム）または苛性カリ（水酸化カリウム）のどちらかと反応させることで、石けんが作られるのです。

頑固な汚れと言えば、衣服に浸み込んだ油や皮脂がありますが、界面活性剤は油にしっかり吸着して衣類から汚れを引き剥がし、汚れを水のなかに溶け込ませます（図1）。最後に水でキレイにすすげば、界面活性剤とともに汚れが流れ落ちていきます。

界面活性剤というと、なんとなく肌に悪そうというイメージがあるかもしれません。しかし、実際はそんなことはありません。石けんが私たちの生活になくてはならないものであるように、界面活性剤は衣料品や食品など、至るところで用いられています。

しかし、人工的に作られる「合成界面活性剤」となると、話は別です。石油などから作られる合成界面活性剤は、人間の健康に大きな害を与えることがあるからです。

合成界面活性剤は、身の回りの至るところで用いられています。産業界では、「困ったことがあればまず界面活性剤に聞いてみよ」と言われるほどの多機能かつ高機能の物質で、数千種類もあると言われています。

合成界面活性剤が使われているものとして、真っ先に思い浮かぶのが、おそらく「洗剤」

図１　界面活性剤の基本構造と汚れを落とすメカニズム

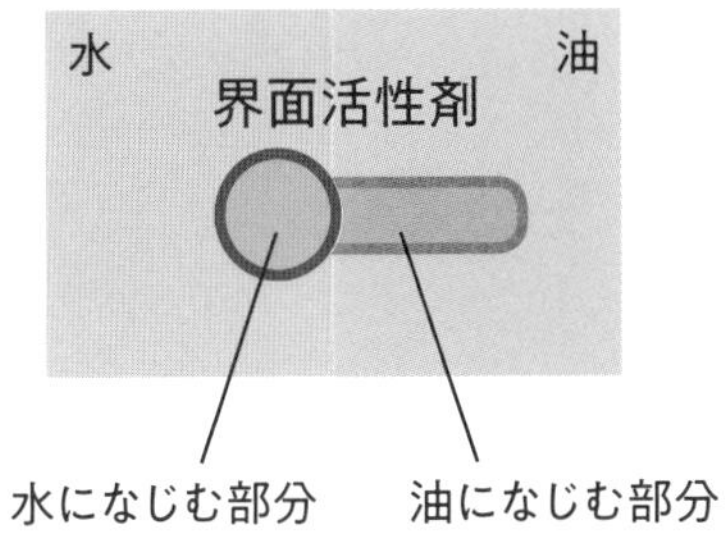

汚れを落とすメカニズム

界面活性剤は水と油の両方に吸着することで本来混ざり合わない水と油（汚れ）を混ぜ合わせ、簡単に洗い流せるようにしている。

でしょう。合成界面活性剤による洗剤が開発された背景には、従来の石けんでは洗浄力が弱いという問題がありました。

「もっと洗浄力の強い洗剤は作れないだろうか」

こうして生まれたのが、石油に由来する合成界面活性剤です。現在では、衣服用洗剤、食器用洗剤、シャンプー、ボディソープなどに用いられています。

さらに、合成界面活性剤は水と油をよく混ぜ、浸透力を高めるという性質を持っているため、化粧品を作る作業では欠かせない成分とされています。

それではなぜ、合成界面活性剤を肌につけることが怖いかというと、**合成界面活性剤は肌のバリアを壊す**からです。**バリア機能を壊すことで、肌に良いとされる美容成分などを、肌の内側へ浸透させている**からなのです。

考えてみてください。バリアを通り抜けるにはそれを破壊しないと突破することはできないと思いませんか？

この話をするには、まず、皮膚の構造を知る必要があります。

肌の構造を知ろう

そもそも皮膚（肌）とは何でしょうか？

実は皮膚とは心臓や肺などと同様、臓器のひとつ。成人で総面積が約１・６平方メートルにも及ぶ、人体最大の臓器です。人体の一番外側を覆っていて、人体を形作るとともに、外敵（ほこり、細菌、ウイルス、アレルギー物質など）から人体を守る働きをしています。

人間の体は、50〜75％が水分でできています。いってみれば水をたっぷりと詰めた水風船のようなもので、針でつつかれたり、石を投げられたり、刺激が加わればたちまち弾けてなかの水が漏れ出てしまいます。

人間の体もこれと同じ。そのため、**体内の水分を逃さないようにするには、外敵から身を守るバリア（防壁）が必要です。外界との防壁の役割を果たしているのが、皮膚（肌）なのです。**

皮膚の断面を横から見ると、外側から内側に向かって「表皮」「真皮」「皮下組織」の３層構造になっています（図２）。

表皮はさらに「角質層《かくしつそう》」「顆粒層《かりゅうそう》」「有棘層《ゆうきょくそう》」「基底層《きていそう》」の4つの層で構成されています。

表皮の役割をひとことで言うと、「バリア機能」です。特に、最も外側の角質層は重要です。

角質層の厚さは約0・02ミリメートルで、およそラップ1枚分くらいしかありません。この薄い膜が人間の全身を覆い、乾燥や摩擦、紫外線、雑菌など、あらゆる刺激から肌を守っているのです。

ここには人間が自分で生み出す3つの保湿因子が存在します。その3つとは、水分を保つ働きを持つ**「天然保湿因子（Natural Moisturizing Factor：ＮＭＦ）」**、角質細胞と角質細胞の間を埋める**「角質細胞間脂質」**、皮膚の表面を覆っている**「皮脂膜」**です。これらは**3つのバリア因子**とも呼ばれ、正常に働くことで、肌は潤いが保たれバリア機能を維持しています。

また、皮膚の表面にはたくさんの常在菌がいて、肌を弱酸性に保ったり、潤い成分を増やしたり、悪玉菌の繁殖を抑える成分を分泌したりして、肌を保護しています。

角質層は、まるでレンガを積み上げたように、角質細胞が積み重なって作られています。このレンガがきちんと積まれ、3つの保湿因子がしっかり保たれていれば、外界からの刺

図２　肌（皮膚）の構造

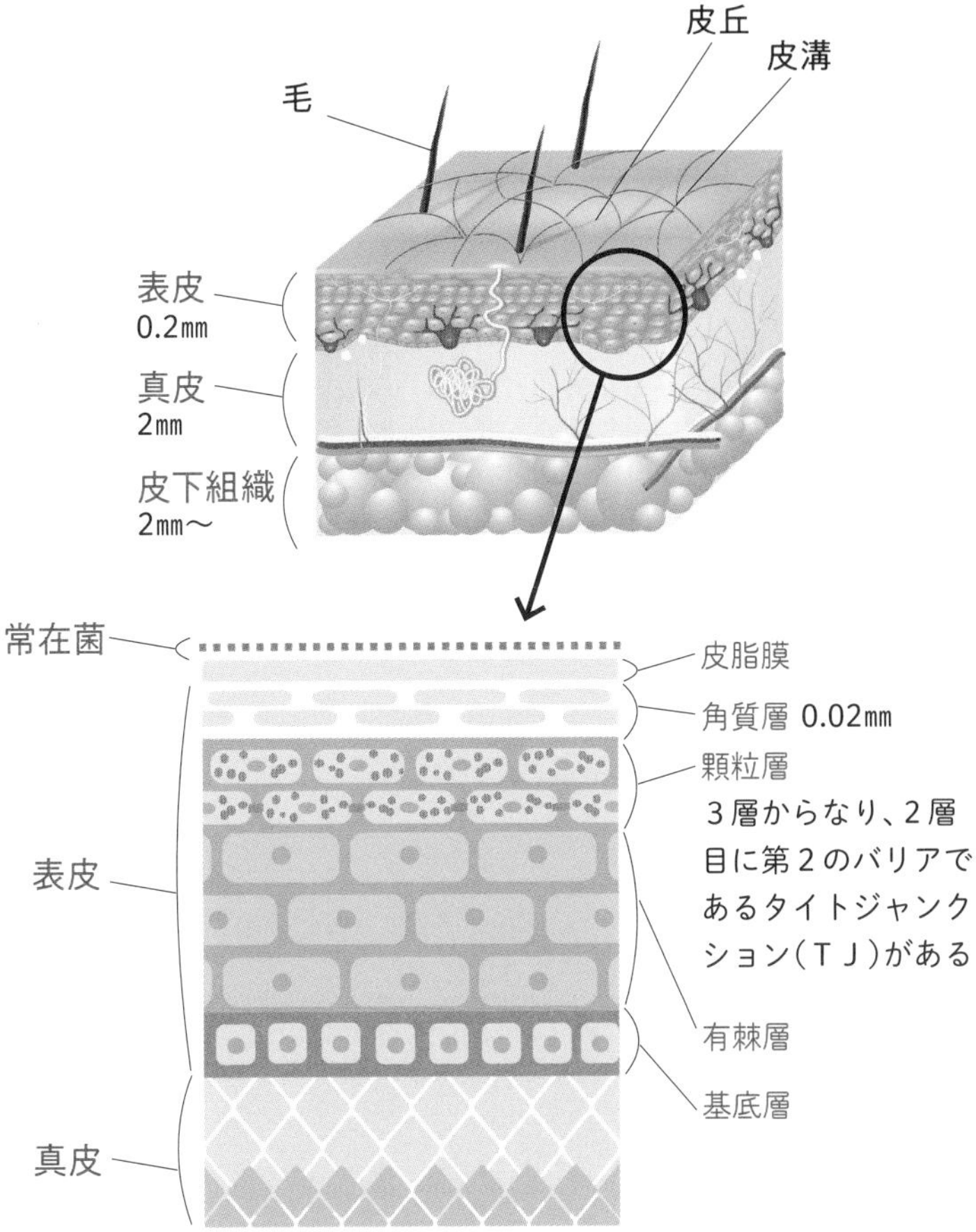

図のような構造を正常に保つことで、
バリア機能を発揮する。

（略図）

激や異物は侵入することができません。

しかし、**紫外線や乾燥など外部からのダメージを受けると、ターンオーバーが乱れ、角質細胞がきちんと積み重ならず、3つの保湿因子も保つことができなくなり、角質層は隙間だらけのスカスカな状態になってしまいます。**

その結果、**皮膚のバリア機能が低下して外からの刺激を受けやすくなり、本来なら皮膚に侵入できないアレルギーの原因物質やウイルス、細菌などが入り込んで、アトピー性皮膚炎や湿疹などの炎症や感染症を起こしてしまいます。**これが多くの場合、肌荒れの原因なのです。

合成界面活性剤が肌のバリアを壊す

合成界面活性剤も、肌のバリア機能に大きなダメージを与えます。

合成界面活性剤を使うと、どんなことが起きるのか、順を追って見てみましょう。

強力な界面活性作用により、肌表面にある皮脂膜が溶かされ、肌を守る常在菌とともに削ぎ落とされる。
←角質細胞間脂質も溶かされ、水も脂も抜けた（地肌が乾燥しバリアが障害された）状態になる。
←肌の外側ではバリア機能が失われたことにより、肌の水分がどんどん蒸発する。肌の内側ではアレルギー物質などの異物が侵入し、炎症やかゆみが引き起こされる。

どうでしょう。合成界面活性剤の入った化粧品を使うと、毎日このようなことがくり返されるのです。

炎症やかゆみが引き起こされたら、多くの人が皮膚科を受診するでしょう。そこではきっと抗ヒスタミン剤やステロイド外用剤が処方され、症状を抑え込もうとするはずです。

しかし、ただ症状をなんとかしようとしているだけであり、そもそもの原因は見過ごされたままですから、薬をやめれば、また症状がぶりかえしてきます。

合成界面活性剤は乳液や液体ファンデーションでは水分と油分をよく混ぜ合わせるための「つなぎ役」として、また、化粧品の美容成分を肌に浸み込ませるための「浸透剤」として、さらに水分を吸着する作用が強いことから、**「保湿する成分」そのものとしても多くの化粧品に用いられている**のです。

化粧水で肌に潤いを与えたり、美容液で美容成分を肌に浸み込ませたりしているつもりが、実は合成界面活性剤も一緒に肌へ浸み込ませているのです。

化粧品を使い続ける限り、合成界面活性剤とは縁が切れないことになるのです。

ほぼすべての化粧品に合成界面活性剤が使われている

もっと恐ろしいのは、**ほとんどすべての化粧品に合成界面活性剤が使われている**という事実です。

合成界面活性剤はさまざまありますが、代表的なもののひとつに、ラウリル硫酸ナトリウムというものがあります。これは非常に洗浄力が強く、また、必要な皮脂まで落としてしまうほど脱脂力が強力、という特徴があります。確かに泡立ちが良く、使い心地は爽快なのですが、その一方、体に害を及ぼすリスクがあると警鐘をならす識者も大勢います。

なぜなら、このラウリル硫酸ナトリウムは皮膚刺激性があり、また、分子が肌に残留しやすいのです。泡立ちの良さや洗浄力の強さに加え、原材料が安かったことから、以前は多くのシャンプーがこのラウリル硫酸ナトリウムを使用していましたが、現在は「ラウリル硫酸ナトリウムは危険」と唱える専門家が増えてきたことから、日本のシャンプーに使われることは少なくなってきました。

しかし、シャンプー以外の化粧品は別です。

調べてみると、**誰もが知っている有名ブランドのフェイスクリームにも、ボディクリームにも、ハンドクリームにも、さらには化粧水や美容液などの基礎化粧品にも、しっかりラウリル硫酸ナトリウムが使われているのです**（図3）。

確かに、「正しい使用法なら健康に害はない」と提唱する学者もいるため、確実に「ラウリル硫酸ナトリウムが危険だ」とは、言えないかもしれません。しかしなぜ、そのように〝危険かもしれない〟成分を含んだ化粧品が、日本で発売されているのでしょうか？

その理由は、「医薬品、医療機器等の品質、有効性及び安全性の確保等に関する法律」、い

図3　某メーカーのハンドクリームの全成分リスト

合成界面活性剤は洗浄剤、乳化剤、浸透剤としてだけでなく、「バリア機能を高める目的」で使っているはずの**保湿剤にも使われている**。

1. セテアリルアルコール
2. **ラウリル硫酸Na**
3. グアーガム
4. テオブロマグランジフロルム種子脂
5. アストロカリウムムルムル脂
6. 炭酸水素Na
7. アボカド油
8. アーモンド油
9. クエン酸
10. アルガニアスピノサ核油
11. ヒマシ油
12. ローズウッド木油
13. シスツスラダニフェルス樹脂
14. ビャクダン油
15. 香料
16. 合成金雲母
17. シリカ
18. 酸化鉄

（2021年11月現在）

保湿剤にも、保湿成分として合成界面活性剤が配合されていることを知った際、半信半疑でネット検索してみると、とあるハンドクリームに使われていました。しかも、シャンプーに洗浄成分として配合されている、代表的かつ強力な合成界面活性剤、ラウリル硫酸ナトリウム（Na）です。化粧品には全成分表示の義務があり、配合量の多い順番に記載することになっていますので、全成分中２番目に多く配合されていることになります。

参考：Cosmetic-Info.jp

わゆる「薬機法」（旧薬事法）にあります。

この法律は、その名の通り、医薬品、医療機器等の品質と有効性及び安全性を確保する目的で、製造・表示・販売・流通・広告などについて細かく定めた法律です。２０１４年の改正により、薬事法から薬機法へと名称が変更になりました。

薬機法は医薬品や医薬部外品だけでなく、化粧品や健康食品の規制にも適用され、近年では罰則規定が強化されたことから、医薬品や化粧品を販売する事業者は十分、注意を払う必要があります。

たとえば、事業者は商品を宣伝する時も、「これを使えば◯◯が治ります」といった誇大広告や、「売上げNo.１」「日本一、強力」など消費者に誤解を与えるような表現は避けなければなりません。

これまでも薬機法（旧薬事法）は何度か改正されていましたが、化粧品会社に大きな影響を与えたのが、２００１年４月の改正です。改正により、**医薬部外品を除くすべての化粧品について、消費者にわかりやすく全成分を表示することが、義務づけられた**のです。

それまでは、化粧品の成分については「厚生労働大臣の定める基準に適合するものでなければならない」とされており、薬事法（当時）で決められた「表示指定成分」を表示すれば良い、とされていました。「表示指定成分」とは、人によってはごくまれにアレルギー

図4　化粧品、医薬部外品、医薬品の違い

分類	化粧品	医薬部外品 (薬用化粧品)	医薬品
主な商品	口紅、ファンデーションなど	制汗剤、シャンプーなど	ステロイド外用剤、水虫薬など
表示義務	外箱または容器にすべての成分を表示しなければならない。	有効成分と「表示指定成分」を表示すれば他の成分は表示しなくても良い。	有効成分とその他の成分を記載した文書を添付する。
効果	無し or 小	中	大
リスク	低	中	高

医薬部外品（薬用化粧品）に全成分表示義務はないが、業界団体の自主規制としてすべての成分を表示しているメーカーもある。

などの問題を引き起こす可能性があると認定された成分のことで、成分としてそれらを使っている場合は、表示しなければならない、ということになっていました。

しかしこの法改正により、**化粧品に配合されているすべての成分を、外箱または容器に表示しなければならなくなった**のです。

全成分表示が義務になったので、消費者にとっては一見、安心・安全に思えますが、これは、裏を返せば消費者に対して、こう言っているのではないでしょうか。

「化粧品のパッケージをよく見てください。全成分が表示されていますよね？　あとは調べるのも、使うのも、ご自身の責任でお願いします」

どうでしょう？「えっ、自己責任なんてひどい！」って思いませんか？　化粧品の成分がすべて表示されているとはいえ、化粧品の外箱や容器に書かれた文字はアリのように小さくて読めませんし、そもそも、どの成分が危険で、使用を避けた方が良いのかなんて、ほとんどの人は理解できないでしょう。

さらに怖いのは、「薬用化粧品（医薬部外品）」に関する規定です。これは有効成分を配合した化粧品のことです。薬用と名がついていても決して「くすり」ではなく、いってみれば「化粧品以上、医薬品以下」という感じです。

薬用化粧品は化粧品と違って、全成分表示の義務はありません。その代わり**「有効成分」と、アレルギーなど肌トラブルを起こす可能性のある102種類に香料を加えた103種類の「表示指定成分」さえ表示すれば、他の成分は一切表示しなくて済む**のです（2022年9月現在）。

たとえば、よく、ビタミンを豊富に含む薬用化粧品があります。「美白効果がある」といった謳い文句で、ドラッグストアなどでも売られていますが、これらの場合、規定の有効成分を1種類以上表示すれば、表示指定成分以外はまったく表示しなくて良いことになります。つまり、合成界面活性剤や、表示がはばかられるような危険な成分を配合していたとしても、「指定成分でなければ表示をしなくて良い」のですから、メーカーとしては抜け道にもできてしまうのです。

良心的な業界団体やメーカーは、薬用化粧品においても、自主的に全成分表示をしています。しかし残念ながら、そうではない団体やメーカーも少なからず存在するのです。

薬用と言われると、普通の化粧品よりも肌への効果を期待してしまうのが、消費者の心理です。おそらく多くの人が「薬用と書かれているから肌に良さそう」と考えて、手に取った経験があるのではないでしょうか。

確かに肌に有効な成分は入っていますが、同時に何が入っているかわからないリスクもあります。**薬用化粧品だから安心・安全というわけではない**のです。

そのメイク、始めたのは本当にあなたの意思？

毎朝、起きたら洗顔料で顔を洗って化粧水で肌を潤し、ファンデーションなどでしっかりメイク。帰宅したらクレンジングオイルで顔の隅々までメイクを洗い落とし、再び化粧水で保湿して美容液を浸み込ませる……。

こんな生活をしている人がほとんどではないかと思います。でも、そのメイクを始めたのは、本当にあなたの意思ですか？　もし、周囲の人たちが誰もメイクをせず、「メイクをしないのが当たり前」の社会になっても、あなたはメイクを続けますか？

２０２０年8月、ある美容皮膚科クリニックが20～59歳の女性６００名を対象に、マスク着用時のメイクについて、アンケートを行いました。

それによると、３人にふたりが「自身のメイクは変わった」と回答しています。外出時のメイクでは、最も多かったのが「目元のみ（眉毛・アイメイク）」という回答で、40％を占めていました。以前と変わらず「フルメイク」という回答も25・7%ありましたが、驚くことに「ノーメイクで外出する」との回答が19・3%にも上りました。

「どうせマスクをするのだから、化粧をする意味がない」と考える女性が多いのかもしれません。あるいは、「マスクに化粧がつくのがイヤ」という女性もいるでしょう。

しかし、いずれにしても、**新型コロナの感染拡大は、メイクに対する女性の意識を大きく変えた**のです。しかもこのアンケート結果は、「本音は、メイクをしたくない」「面倒」という女性の心の声を表したもの、と言えるのではないでしょうか。

2021年3月に行われた別のアンケート調査が、そんな女性の心理を表しています。これは、ある化粧品会社が全国の20~50代の男女で、週に平均1日以上ベースメイクをする600人を対象に行った調査です。

それによると、**「コロナ禍による生活様式の変化で、全体の65・2%と多くの人が、スキンケア・ベースメイクに関するなんらかの意識の変化があった」**と回答しています。そして、「ベースメイクよりもスキンケアを重視するようになった」と答えた人が44・3%、「自分の肌の状態を強く意識するようになった」という人が27・5%でした。

ベースメイクについては機会も時間も「増えた」人より「減った」人が多く、逆にスキンケアに関しては時間も工程も「減った」人より、「増えた」人が多いという結果になりました。つまり、**以前に比べてベースメイクよりもスキンケアを重視するようになった人が多い**ということです。

さらに、**88・2％もの女性が、「ベースメイクを塗る／塗らない」を自分の意思で選択したいと考えている**こともわかりました。その一方で、「素肌の自分に自信が持てない」という理由でメイクをしている人が多く、75％の人が、ベースメイクをせずに人と対面をする時には「自信を持てない」と回答しています。

この結果を見て、あなたはどう思いますか？　「わかる、わかる」とうなずくでしょうか。**「自信がないからノーメイクで人と会えない」けど、「メイクをするかどうかは、自分の意思で決めたい」**。こんなジレンマのなかにいる人も多いのではないでしょうか？

「コロナ禍は外出する機会も少ないし、外に出かけたとしてもマスクで顔を隠せるから心理的にラク」

「しなくて良いのなら、メイクはしたくない」

診察室でよく耳にするその言葉は、おそらく、多くの日本人女性の心の声を代弁しているのでしょう。

テレビCMにだまされないで

日本の某有名化粧品会社の方から聞いたことがあるのですが、化粧品会社の仕事はお客様に夢を売ることだそうです。キレイな肌や髪の持ち主が高価な化粧品のCMに出演していれば、「それを使えば、きっと自分も！」と誰もが期待してしまうでしょうし、真似したくなるはずです。

なぜなら、**CMは夢を見せる場所**だからです。そして、耳に心地良い言葉でその気にさせ、その商品を買いたい気持ちにさせるのです。

CMや広告では、イメージ戦略が重要です。天然成分、オーガニック、自然派、アミノ酸、弱酸性……。これらの言葉が耳に入ると、**「なんとなく肌や髪の毛に良さそう」**と感じる人も多いと思います。

たとえ、消費者はそれらの言葉の「本当の意味」を知らないとしても、「なんとなく」というイメージを持たせることは、理屈を説いて聞かせることよりも、ずっと大きな購買意欲を抱かせます。

たとえば、シャンプーや化粧品でよく見る言葉に「無添加」というものがあります。

「無添加」と書かれていると、なんとなく肌や髪の毛に良さそうというイメージがわいてきます。「余計なものが使われていなくて、肌や髪の毛にやさしそう」と感じて、つい、手にとってしまう人も多いのではないでしょうか。

しかし「無添加」とは、何が「添加されていない」のかご存じですか？

そもそも「無添加化粧品」の定義など存在しないのですが、「表示指定成分が含まれていない」という意味で使われることがあります。表示指定成分とは、「アレルギーなどの皮膚障害を起こす恐れのある成分」などのことです。

「無添加は、危険な成分が使われていないという意味だから、やっぱり安心でしょう？」

そう考えるかもしれませんが、ちょっと待ってください。この表示指定成分が定められたのは、１９８０年の話。当時の厚生省（現厚生労働省）が定めたのです。

この42年間に、どれだけ新しい成分が開発されたでしょうか。１９８０年には存在していなかったけれど、そのあとに開発された成分が、表示指定成分よりもっと危険だったとしても、それは、「表示指定成分」としては定められていないのです。

それでも、製品には「無添加」と表示できるのですから、これは、とても恐ろしいことだと思いませんか。

実際、化粧品に使われる成分は、５０００種類以上も存在すると言われています。そのなかで、表示指定成分に定められているのは、わずか１０３種類。あまりにも少なすぎます。

「無添加」と書かれていても油断できない。テレビＣＭや広告の情報をうのみにできない。何よりイメージ戦略にだまされてはいけないということが、よくわかっていただけると思います。

第2章
いますぐ「スキンケア」をやめなさい

皮膚科専門医が勧める「スキンケア3原則」

肌を美しく保つためには、何が必要だと思いますか？　高価な美容液でしょうか。それとも定期的にエステに通って、ピカピカに磨いてもらうことでしょうか。

私たち皮膚科医は、美しくすこやかな肌を保つために、「スキンケア3原則」を提唱しています。これは「高価な美容液を使う」「エステに通う」ということと違って、もっと原則的で、シンプルなものです。

私たちが考えるスキンケア3原則とは、次の内容です。

1．肌を「キレイ」に保つ【清潔】

肌は常に外界と接しています。腕や脚は洋服で隠すこともできますが、**顔の肌は24時間、どんな気候のなかでも外気にさらされています。**気づかないうちにほこりがついたり、アレルゲンなどの物質がついたりすることもあるでしょうし、ウイルスや細菌が付着したり、汚れがこびりついたりすることもあるでしょう。

それらの異物を取り除くことが、スキンケアの第一歩。清潔に保つために、きちんと洗浄することが大切です。

2．角質層を「潤す」【保湿】

角質層はすでにお話しした通り、重要なバリア機能を担っています。この**角質層が乾燥してカピカピの状態になると、角質層の間に隙間ができ、そこから異物が侵入しやすくなってしまいます。**さらに、その隙間からどんどん水分が蒸発して、ますます乾燥が進むことも。そのため、角質層を「潤す」ことが必要です。

3．紫外線から肌を「守る」【紫外線対策】

紫外線は肌に大きなダメージを与える大敵。皮膚の老化の80％は紫外線による光老化と考えられています。シミの原因や、肌の真皮に到達して肌の土台を支えているコラーゲンやエラスチンを傷つけ、シワやたるみの原因となります。そのため、日中外出する時には一年中、帽子をかぶる、日傘をさすなどの紫外線対策が必要。できるだけ日差しの強い時間帯は外出を避けるなど、日光にあたらないようにするのが良いでしょう。

どうでしょう。どれも基本的なことばかりで、「これだったら、私もちゃんと守っている！」と自信を持つ人が多いのではないでしょうか。

皮膚科医は、これらの3つをスキンケアの3原則として提唱しています。皮膚にトラブルがあろうとなかろうと、子どもだろうと大人だろうと、すべての人に対して一様に勧めています。

もちろん、私もこれらの3原則を患者さんに推奨しています。ただし、**3原則の考え方は一緒でもアプローチはちょっと違います**。

洗浄ではもちろん合成界面活性剤が入った洗顔料は使いませんし、潤すための保湿剤も合成界面活性剤入りは使いません。日焼け止めも、実は合成界面活性剤がたっぷり使われているので、それをベタベタと肌に塗りたくるのはNGです。

使用するのは、合成界面活性剤が使われていない石けんや保湿剤。合成界面活性剤を使っていない日焼け止めを探すのは難しいのですが、なかには、石けんで乳化したノンケミカルなものもあります。

正直に言うと、合成界面活性剤の恐ろしさに気づく前の私は、患者さんにスキンケア3原則を説明していて、「どんな保湿剤を使えば良いんですか？」と尋ねられた時、こう答えていました。

「肌に合うものだったら、何でも良いですよ」

おそらく多くの皮膚科医が、同じ回答をしているのではないかと思います。

医師は病気の専門家ですが、意外なことに、健康についてはさほど専門家ではありません。病気やケガを治すことが仕事のため、病院で「健康な人」と接したり診察したりすることが、ほとんどないからです。そもそも、病気やケガの研究には熱心ですが、「健康」についてはあまり関心がありません。

実を言うと以前の私も、化粧水や保湿剤に、乳化以外の目的で合成界面活性剤が使われているとは、まったく知りませんでした。いまなら、患者さんが合成界面活性剤の入った化粧品を使っていれば、不使用のものに変えることを促しますが、当時はそんなことを考えもしなかったのです。

カバが超敏感肌なワケ

百獣の王と言えば、誰もが知っている「ライオン」です。

それでは、最強の動物と言えば何でしょうか？

ライオンでもなく、ゾウやサイでもなく、カバが最強だという説があります。大きく口を開ければその角度は150度にも達し、噛むと1トンもの力がかかります。あの重そうな体からはまったく想像できませんが、陸上では時速40㎞、水中では時速60㎞という移動速度を誇ります。

そんな最強なカバが、実は超敏感肌なのをご存じでしょうか？

カバは、日中をずっと川や沼の中で過ごします。1日のほとんどを水の中で過ごすなら、さぞや潤いのある肌だと思うかもしれません。

ところが、カバは人間の赤ちゃん以上の超敏感肌と言われています。太陽の光を浴びただけで、ひび割れたり、火傷のような肌荒れを引き起こしたりするそうです。だから常に泥や水で湿らせておく必要があり、さもないと皮膚の表面がピシッと割れてしまうのです。日中、ずっと水に浸かっているのは肌を乾燥から守るためで、日が沈んだ頃に、ようやく陸地に上がって活動を始めるのです。

大昔、生物は水の中から陸へ上がってきました（図5）。**水の中にいた時は、常に水で満たされ、肌は潤っていました。**ところが陸上での生活を始めた途端、肌を潤していたものはなくなり、常に乾燥にさらされるようになりました。生物は乾燥して干からびてしまうと生きていくことができません。そこで、皮膚は角化（71ページ参照）という機能を使っ

図5　セキツイ動物の進化

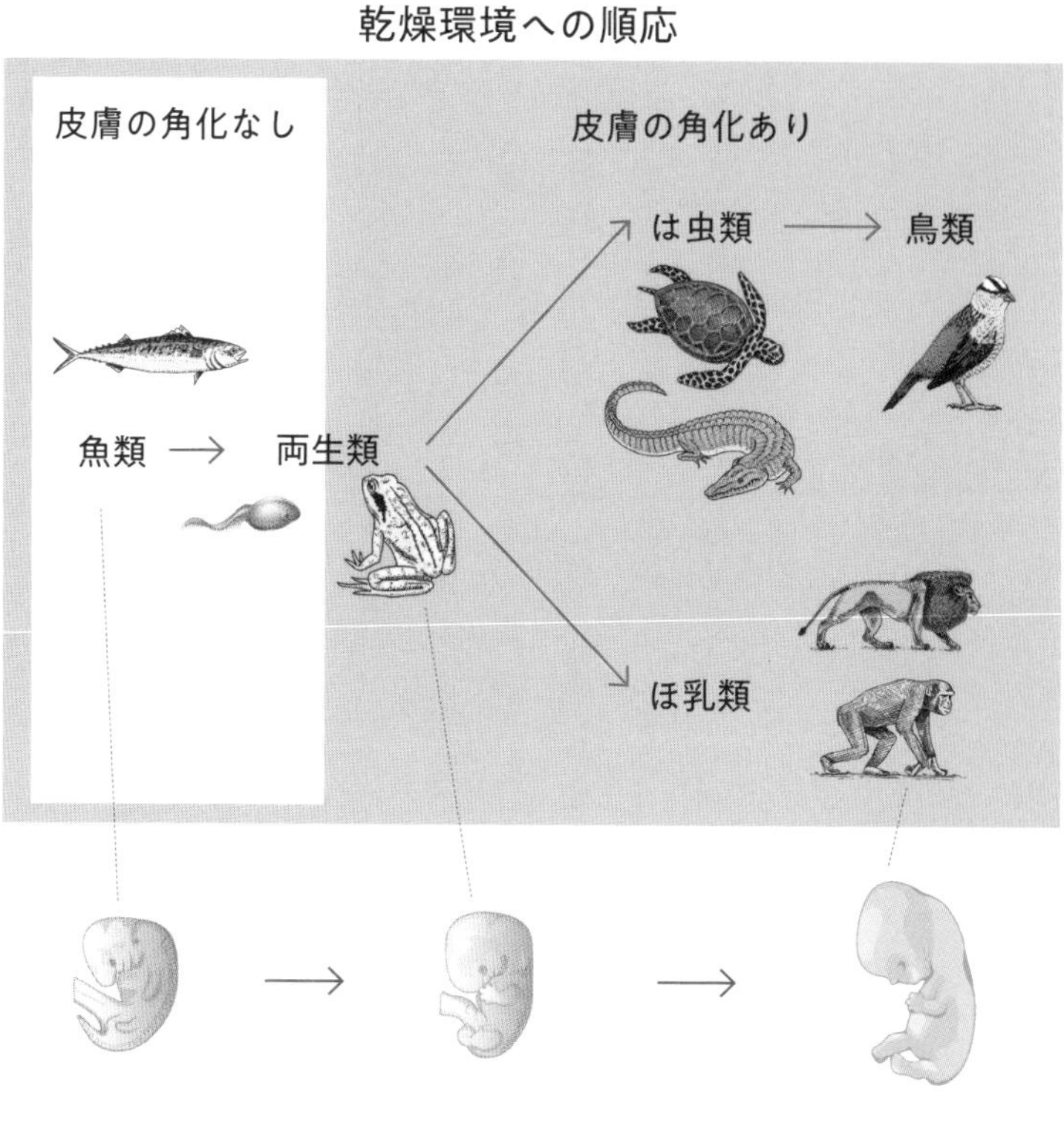

人間も母胎内でセキツイ動物の進化と同じ過程をたどりながら成長。誕生と同時に羊水内から一気に乾燥にさらされた後10数年かけて地肌力を成熟させる。

て自ら保湿される能力を手に入れたのです。

しかし、せっかく手に入れた機能もカバのように常に水中で暮らしているとその必要性がなくなって退化し、ついには乾燥に弱い超敏感肌になってしまうのです。「使わない機能は衰える」。これを医学用語では「廃用性萎縮《はいようせいいしゅく》」といいます。

長期間の宇宙旅行から帰還した頑強な宇宙飛行士もすぐには立ち上がれない。それは、宇宙空間では重力に逆らう機能を使う必要がなかったからです。

しかし、私たち人間はカバのように水浸しの生活を送っていないため、陸上で外気にさらされたとしても、カバのように皮膚がひび割れたり、火傷のような炎症を起こしたりすることはありません。**なぜなら人間には、乾燥しても自ら保湿できる力があるからです。何も命令しなくても、自然と人間は乾燥から肌を守り、潤す力を持っているのです。**

カバを逆から読むと「バカ」になりますが、人間の肌の優秀性はバカにはできません。

実はスゴい、みんなが持っている「地肌力」

人間の肌には、さまざまな能力が備わっています。乾燥すれば自然と潤す「保湿力」がありますし、細菌やほこりなどの異物が侵入しようとすればガッチリとガードする「バリア機能」があります。

そうした力のことを、私は**「地肌力」**と呼んでいます。

「地肌力」とは文字通り、「地肌」が持つ力のこと。「素」の肌が持っている力のことで、これは生まれつき人間に備わったありがたい機能です。

人間は普段、外気にさらされて生きています。そのため、外気との接触面である肌が重要なバリアとして働いているのです。

地肌力は本来、すべての人間が持っている力ですが、残念ながら、人によってその力には差があります。時々、「何も特別な手入れをしなくても肌が丈夫で、乾燥もしないし、ニキビなどもできたことがない」という人がいます。その一方、「手厚く手入れをしているのに、いつもトラブルばかり」という人もいます。

なぜ、そういう違いがあるかというと、遺伝的要因もあるでしょうし、育った環境もあるでしょう。母親の影響を受け、小さい頃から丁寧なスキンケアを覚えた人は、もしかしたら努力してキレイな肌を保っているかもしれません。が、反対に、小さい頃から何もしなかった人は、何もしなくても丈夫な素肌を手に入れているかもしれません。

肌に良い食べものを積極的に摂っていた、日光によく当たる生活をしていたなど、生育環境も、地肌力に大きな影響を与えます。

しかし、**力に大小の差はあったとしても、誰もが地肌力を持っています。その力があるおかげで、人間は乾燥や外的刺激にも負けず、健康な肌を保つことができるのです。**

けれども、なんらかの影響によりこの地肌力が衰えてしまうことがあります。何よりも、**地肌力を衰えさせる大きな原因は、合成界面活性剤を継続的に使用することです。**

スキンケア3原則をしっかり守り、「キレイな肌を作らなくちゃ！」とがんばって、洗浄や保湿、紫外線対策をきっちりとまじめに続けていたとしても、使用している洗顔料や化粧品の中に合成界面活性剤がたっぷり混入されていれば、知らず知らずのうちに肌は合成界面活性剤のしわざによって、大きなダメージを受けてしまいます。

くり返しになりますが、合成界面活性剤が肌のバリアゾーンを破壊するので、細菌などの異物やほこり、化粧品に含まれる有害物や香料などが、どんどん肌に浸透します。

一方、肌の保湿成分は外部へ流出するので、本来の保湿力を発揮できません。そのため、肌の老化が促進されたり、侵入した異物によって炎症が起こってしまったりするのです。

「地肌力」の源はターンオーバーにあった

それでは、その「地肌力」はいったいどのようにして保たれているのでしょうか。それは、人間が進化の過程で手に入れた**ターンオーバー（角化）というとても優れた仕組み**によるのです。

ターンオーバーという言葉を耳にしたことがある人は、とても多いと思います。ターンオーバーとは簡単に言うと、肌の細胞が一定の周期で生まれ変わる仕組みのこと。新旧の細胞が入れ替わり、古いものが捨てられ、新しいものが生まれることをターンオーバーといいます（図６）。

肌は外側から「表皮」「真皮」「皮下組織」の順番で重なってできています。**ターンオーバーが起きるのは、肌の一番外側にある「表皮」の部分です。**

それでは、表皮では何が起きているのか見てみましょう。

図6　地肌力(美肌)を担うメンバーたち

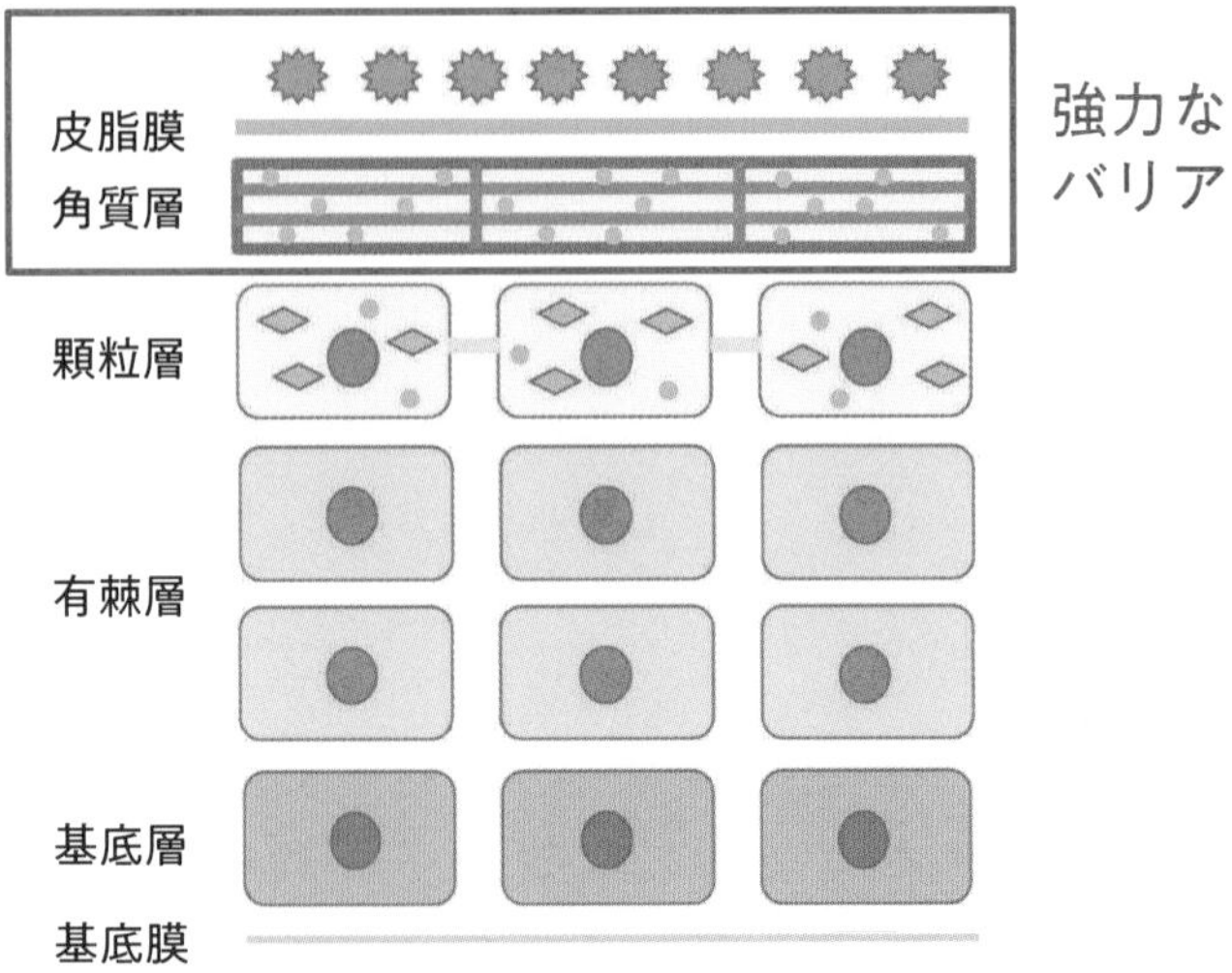

常在菌：保湿成分産生、角化促進、肌の弱酸性化

皮脂膜：皮脂(油、脂肪酸、弱い界面活性成分)と汗(水分)が混ざってできる天然の保湿クリーム

角質細胞：フィラグリンにより凝集されたケラチン線維で満たされている。辺縁は周辺帯で強固。細胞同士はコルネオデスモゾームで接着されている

天然保湿因子(NMF※)：アミノ酸、PCA※、乳酸ナトリウム、尿素など

角質細胞間脂質：セラミドなど。ここでは水分と油分が交互に配列を繰り返すラメラ構造をとり水分を保持している
油層：セラミド、脂肪酸、コレステロールなど
水層：水分、NMF

ケラトヒアリン顆粒：プロフィラグリン→フィラグリン(細胞質内へ)→ケラチン線維を凝集後分解されアミノ酸(NMF)へ

層板顆粒：顆粒細胞がアポトーシス(自然死)に陥る時セラミドを放出

タイトジャンクション(TJ)：顆粒細胞同士を接着する。**第2のバリア**

※NMF：Natural Moisturizing Factor
PCA：ピロリドンカルボン酸

図７　表皮のターンオーバー

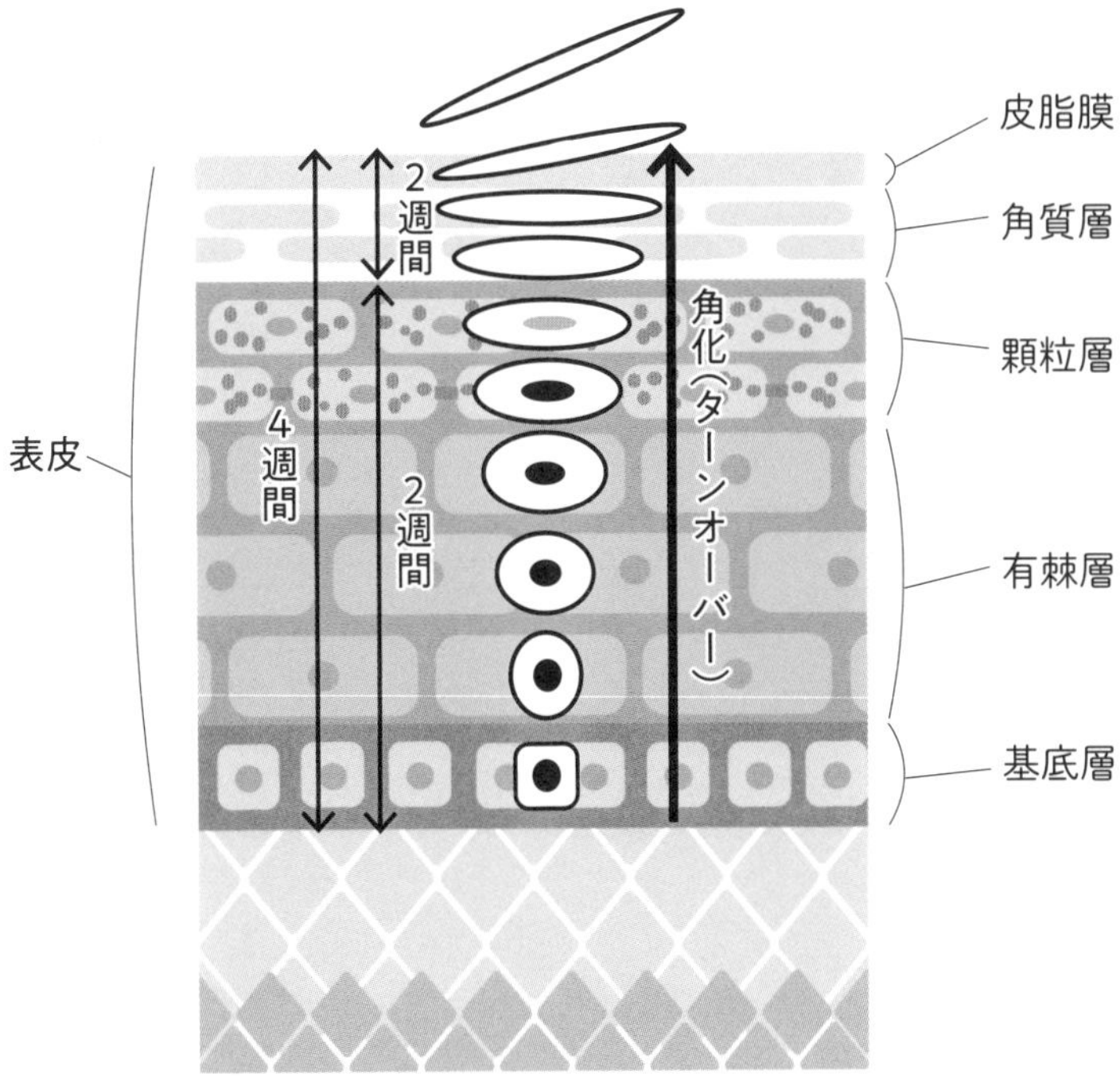

基底細胞は縦長の形状で、表面に押し上げられていく過程で有棘細胞になり、だんだん横長になる（扁平化）。顆粒細胞になるとそこで天然保湿因子（ＮＭＦ）やセラミドなど角質細胞間脂質が作られ角質へ移行する。最後は顆粒細胞内の層板顆粒に由来する蛋白分解酵素（プロテアーゼ）が角質細胞同士を接着しているコルネオデスモゾームを分解し、１枚ずつ垢となって剥がれ落ちる。

図7のように、表皮は内側から外側に向かって「基底層《きてい》」「有棘層《ゆうきょく》」「顆粒層《かりゅう》」「角質層《かくしつ》」という4つの層でできており、角質層の表面は、皮脂膜で覆われています。

表皮の主な構成細胞は角化細胞（ケラチノサイト）で、それぞれの層を構成する細胞を、「基底細胞」「有棘細胞」「顆粒細胞」「角質細胞」と呼びます。

表皮では、基底層で新しい角化細胞が日々、生まれています。

新しい角化細胞は、内側にケラチンを産出し、成熟しながら、後に生まれた角化細胞によって上へ、上へと少しずつ形を変えながら押し上げられていきます。

有棘細胞、顆粒細胞の段階を経て、角質細胞に変わる時に、成熟を終え、核を失って死にます。顆粒層までの角化細胞は生きた細胞ですが、角質細胞に変化した時には、毛や爪と同じく、生きている細胞ではなくなっています。

生まれておよそ2週間で角質層に到達し、それからさらに2週間かけて、自然と剥がれ落ちていきます。

こうした**ターンオーバーが正常に機能しているおかげで、常に新たな角質細胞が皮膚の表面を覆っていることになり、バリアが正常に働きます**。いってみれば、若くて元気な兵隊が皮膚を防御しているようなもの。乾燥を防いだり、異物の侵入を妨げたりするにはうってつけです。

肌のターンオーバーは、20代の健康な方で約28日周期ですが、年齢とともに周期が長くなり、平均すると約45日周期と言われています。年齢が上がれば上がるほどターンオーバーの周期は長くなり、古い細胞が表面にとどまったままになります。一般的に、若い人の肌は透明感があって美しく、反対に、高齢になると肌がくすんで見えるのは、そのためです。

そうした年齢による周期の違いは自然なものですが、なかには、なんらかの要因によって周期が乱れることがあります。つまり、ターンオーバーが速くなったり、遅くなったりするのです。

ターンオーバーは、速すぎても、遅すぎてもいけません。速すぎればまだ成熟していない未熟な細胞が角質細胞として皮膚の表面を覆うことになり、正常なバリアを形成することができません。このように、未熟な細胞が角質層へ上がってくることを、皮膚科用語では「不全角化（錯角化）」といいます。

不全角化が起きると、肌のバリア機能が不十分なため、少々の刺激でも過敏に反応してしまうことがありますし、また、角質細胞が１枚１枚キレイに剥がれることができず、塊でボロボロと剥がれてしまい、肌が凸凹になってしまうこともあります。

ターンオーバーを乱す原因

- 寝不足
- ストレス
- 疲労
- 運動不足
- 喫煙
- 過度の飲酒
- 無理なダイエット
- 冷え
- 便秘
- 野菜不足
- 脂肪分過多
- 紫外線
- 乾燥
- 間違ったスキンケア

反対に、ターンオーバーが遅ければ、垢や古い角質がいつまでも皮膚の表面にとどまっている状態なので、くすみやキメの乱れが起きたり、化粧ノリが悪くなったりします。

ですからターンオーバーは、適度なリズムでくり返されることが大切です。

しかし人間の肌はちょっとしたゆらぎや変化に敏感で、日常生活の些細なことでもターンオーバーの周期が乱れてしまいます。

上のようなことに心当たりはありませんか？気づかないうちに、ターンオーバーを乱す原因を作っているかもしれません。

肌を健康な状態に保ち、ターンオーバーを正常化すれば、規則正しく細胞は入れ変わり、地肌力は高まります。逆に、地肌力が高ければ、ターンオーバーも正常化するのです。

つまり、**ターンオーバーと地肌力は表裏一体であり、どちらかに異常をきたせばもう一方も障害されるという、緊密な関係にある**のです。

地肌力は使わないと退化する

地肌力は遺伝や体質、育った環境などによって大きく影響されますが、大事なことは、**「地肌力は使わなければ衰える」**ということです。

生物の進化の過程を見ても、使わない能力がどんどん衰えていくことは明らかです。

たとえば、ダチョウ。ダチョウは飛ばない鳥として有名で、空を飛ばないかわりに、骨張ったごつくて長い脚を持ち、オスの頭の高さは地上約2・5メートルにもなります。ゾウよりも大きな目がついていて、その目で遠くの天敵を見つけては、草原をものすごい勢いで疾走します。

このダチョウがなぜ飛ばないのかということについては、さまざまな意見が戦わされてきました。「ダチョウは祖先も飛ばなかった、だからいまでも飛ばないのだ」。そんな説が、定説とされてきました。

しかし近年、研究者たちによって新たな説が持ち上がりました。ダチョウが飛ばなくなったのは、恐竜が絶滅した約6500万年前よりもあとのことで、それより前は他の鳥と同じように飛んでいたというのです。

なぜ、ダチョウが飛ばなくなったかというと、恐竜が絶滅したから。ダチョウは恐竜に捕食される立場だったので、敵である恐竜がいなくなったため、もう飛ぶ必要がなくなったのです。

地面ではたくさんの食べものを得ることができ、しかも、飛んで身を隠す必要がなくなりました。そのため、ダチョウは飛ばなくなったというのです。


これと同じような話は無数にあります。もっと身近なところで言えば、人間のしっぽ。実は、妊娠2か月くらいまでは、胎児にはしっぽが生えているといいます。しかしやがて壊れてなくなり、生まれてくる頃にはしっぽがなくなり、その名残として尾骨だけが存在します。

猿にはしっぽがあるのに、なぜ、人間にはしっぽがないのか。その理由はいまだに不明ですが、おそらく、「不要になったから」という単純な答えが正解なのでしょう。

このように、使わなくなった機能はどんどん衰えていくのが生物の進化の常です。パソコンやスマホが普及して漢字を書く必要がなくなったら、いざという時、漢字を書けなくなっていることはありませんか？　英語の勉強を一生懸命がんばっていた時は、ある程度、外国の人と英語でコミュニケーションが取れたのに、勉強をしなくなり、英語を使う機会もなくなったら、あっという間に英語の能力は低下してしまいます。

実は、「地肌力」もこれと同じ。使わなければ、すぐに退化してしまうのです。

「地肌力を使わなくなるって、どういうことだろう？」

そんな疑問がわくかもしれません。それでは反対に、地肌力を使うシーンを考えてみましょう。

たとえば乾燥が激しい時、肌は自ら潤います。あるいは、細菌やほこりなどの異物が蔓延している時、肌はバリア機能を働かせて異物の侵入を防御します。

つまり、乾燥や異物の侵入といった「ピンチ」がなくなれば、肌のバリア機能は働く必要がなくなりますので、当然、地肌力も衰えてしまいます。

考えてみてください。私たちの生活では、激しく乾燥したり、異物にまみれたりする機会はありますか？　数十年前に比べて私たちが暮らす環境はとても衛生的になり、常に清潔に保たれるようになりました。現代は衛生環境が整備されています。特に都心部はアスファルトやコンクリートだらけですし、菌が生息しているような土壌はほとんど見当たりません。

やりすぎといっていいくらい除菌や殺菌をして、しつこく手洗いや入浴をする……。こうした生活が一般的になった結果、現代人は地肌力を衰えさせてしまいました。それだけではなく、人間にとって重要な免疫機能が弱体化。その結果として、アレルギー疾患が増加してしまったのです。

人間は、便利さや快適さを追求するあまり、身体機能の進化が止まるどころか、逆に退化してきているのでしょう。脳だけは進化してきたと言えますが、脳機能もＡＩに頼りすぎるとその進化も止まり、やがて退化するのかもしれません。

昔と比較すると、環境の違いは明らかです。かつて、子どもたちは野山を駆け巡り、川で泳ぎ、泥だらけになって遊んでいました。そうするなかで、体内の免疫細胞はさまざまな菌の情報をインプットし、確実に抗体を作っていきました。

そのため、体内に侵入しようとしている異物が体にとって有害なものか、無害なものか、的確に見分けることができるようになり、免疫機能が高められたのです。

しかし現在では、そのように菌の情報をインプットする機会がありません。そのため、体内に侵入する異物を「敵」と見なし、過剰なまでに防御反応をするようになってしまったのです。これが、現代人にアレルギー疾患が多い理由です。

これは「衛生仮説」と呼ばれ、医療業界では現代人の健康を考えるうえでの課題として扱われているテーマです。**私はこの「衛生仮説」を一歩進め、皮膚科医の立場として考える新しい衛生仮説、すなわち、「新衛生仮説」を唱えています**（２０１８年12月９日第１８２回日本皮膚科学会鹿児島地方会、２０２２年４月23〜24日第38回日本臨床皮膚科医会総会・臨床学術大会において発表）。

それは、合成界面活性剤を多用して、肌を過剰に清潔に保とうとするあまり、肌のバリア機能が破壊され、アトピー性皮膚炎やアレルギー疾患が増えているのではないか、という考えです（図８）。

特に注目したいのが、近年、アトピー性皮膚炎の患者さんが増えているという事実です。アトピー性皮膚炎の患者さんは、皮膚のバリア機能が著しく低下しています。そのため、ダニやほこり、化粧品や金属、摩擦など、さまざまな刺激に皮膚が反応して炎症が生じやすくなっています。

バリア機能を低下させている原因のひとつとして、合成界面活性剤の過剰な使用が挙げられることは間違いないでしょう。つまり、肌に良いと思ってしっかり肌を洗浄し、化粧

図８　皮膚バリア障害から見た新衛生仮説

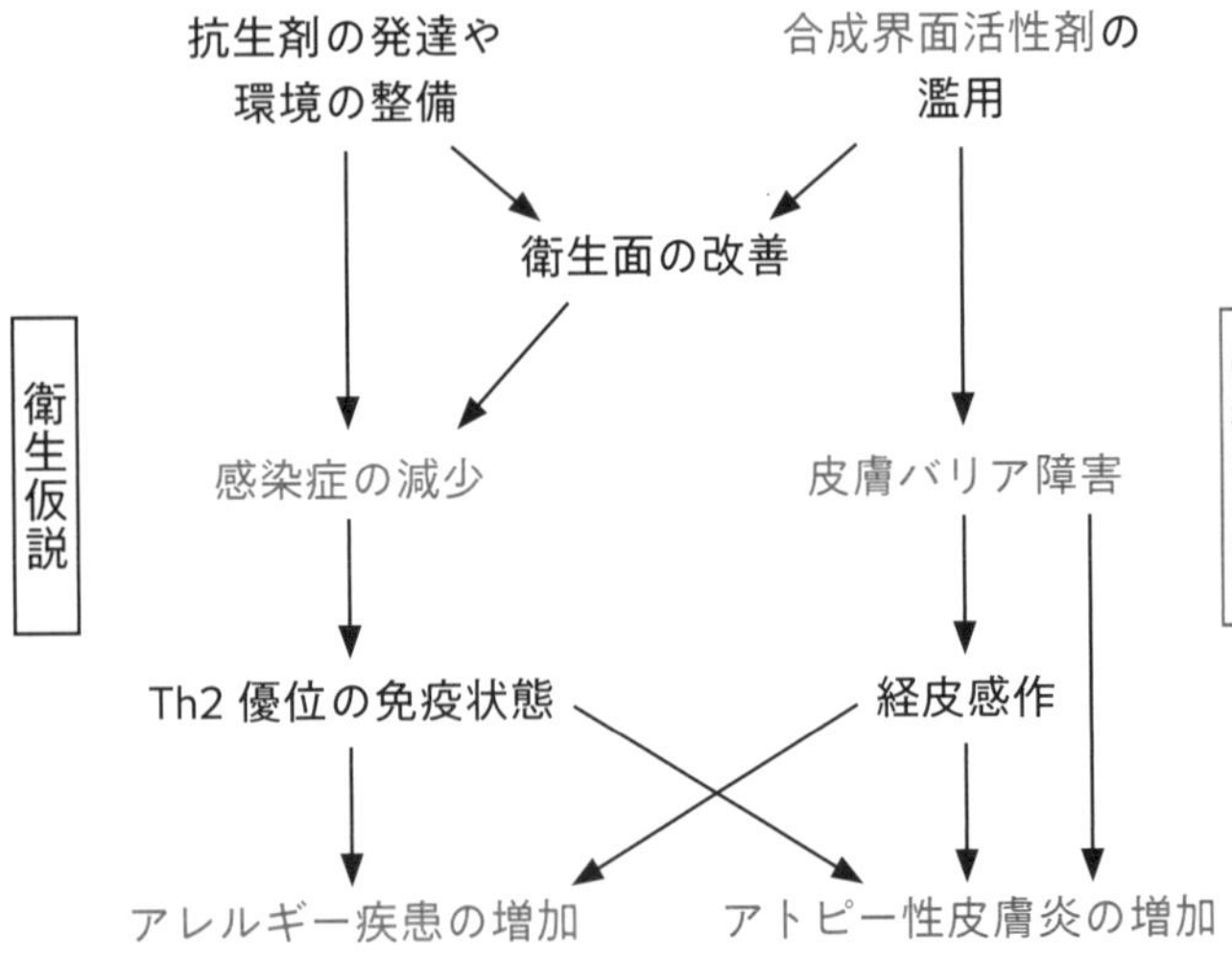

合成界面活性剤の濫用が皮膚バリアを障害し、
アレルギー疾患やアトピー性皮膚炎が増加した。
Th ２優位とはアレルギー反応が起こりやすい
免疫状態のこと。

水や保湿剤をたっぷり使うことで、かえって肌の状態が悪化しているのです。

近年、アトピー性皮膚炎は患者さんの数だけでなく、難治性の患者さんが増えていることにも、注意を向ける必要があります。

一般に、アトピー性皮膚炎の患者さんは皮膚のバリア機能が失われており、どんどん水分が失われている状態にあります。

そのため、治療では保湿が肝心と言われていますが、もし、なんの知識もなく合成界面活性剤の入った保湿剤を使っていたらどうでしょう。皮膚の状態をさらに悪化させることは間違いありません。考えただけでも、ゾッとする話です。

また、２０１２年に提訴された「茶のしずく石鹸事件」において、食物アレルギーが経《けい》皮感作《ひかんさ》（口からではなく皮膚から食物アレルゲンが侵入し、感作されること）によって起こることが証明されました。被害者にはアトピー性皮膚炎などの肌トラブルのない健常者も多くいました。

原因物質である加水分解コムギの分子量は、平均5万と、通常皮膚を通過できるサイズである５００をはるかに超える大きなものです。この巨大な物質がなぜ吸収されたのか。それは、石けんの界面活性剤によって皮膚のバリアが破壊されていたからです。

肌のお手入れで食物アレルギーが発症!?

ここで「茶のしずく石鹸事件」について詳しく見てみましょう。これは「茶のしずく石鹸」という商品を使った多くの消費者が、小麦アレルギーを発症してしまった事件です。

「茶のしずく石鹸」は、「美容に良い」としてメディアなどでも多く取り上げられ、有名な俳優さんも宣伝に登場。販売を開始したのは2004年です。購入者は延べ約467万人、販売個数は累計約4600万個にものぼる大ヒット商品でした。

しかし2011年、ある事実が発覚します。それは、**「茶のしずく石鹸」を使っている人たちの中で突然、小麦アレルギーを発症する人が続出した**のです。

被害者総数は2000名以上。そのうち一部の人たちは全国の裁判所へ提訴し、またメーカーは商品を自主回収しました。

「なぜ、食べものでもない石けんを使って食物アレルギーになるの?」

多くの人が、こんな疑問を感じたと思います。現在ではアレルギーに関する研究も進んでいますが、当時はまだ、食べものを直接食べること以外で、食物アレルギーを発症することは、ほとんど知られていませんでした。

しかし、小麦アレルギーを突如、発症する人が相次いだこと、多くが20〜60代の女性で、「小麦を食べるとまぶたが腫れる」「顔がかゆくなる」など症状が似ていること、さらに、彼女たちの共通点として「茶のしずく石鹸」を使っていることなどから、原因は「茶のしずく石鹸」にあるということが判明しました。

「茶のしずく石鹸」には、保湿機能などを与えるために、「グルパール19S（加水分解コムギ）」という、小麦に由来するタンパク質が配合されていました。実は、この成分が皮膚を通して体内に入り込み、グルパール19Sに対する抗体ができてしまったため、小麦を食べるとアレルギー症状が出るようになった、というのが真相だったのです。

「食物アレルギーは、食べて発症するだけでなく、皮膚からアレルゲンが侵入することでも発症する」

この事件をきっかけに、医学界ではまったく新しい理論が誕生しました。

なぜ、石けんを使って洗顔していたら、石けんに含まれている成分が皮膚を通して体内に侵入してしまったのか？

もう、おわかりでしょう。**石けんが皮膚のバリアを壊していた**からです。

正常な皮膚バリア機能があれば、分子量が500以上のものはバリアを通過できないのですが、グルパール19S（加水分解コムギ）の分子量は5万とその100倍の大きさです。そんな大きな物質が皮膚のバリアを通過することができたのは、「茶のしずく石鹼」の界面活性剤がバリアを破壊していたからです。

当時、「茶のしずく石鹼」は泡立ちが非常に良く、肌にとてもやさしいとして、多くの女性に支持されていました。広告に有名な俳優さんを起用したこともあって、まれに見るヒット商品となりました。ざっくり計算すると、日本の成人女性の12人に1人が使用したほどのベストセラーです。

それなのに、この石けんを使ったばかりに小麦アレルギーを発症してしまうのですから、まったく皮肉な話です。被害者の中には1歳の男の子や、93歳の女性もいました。さらに、アトピー性皮膚炎などの肌トラブルがない健常者も多くいたことは重視すべきことでしょう。これは、合成界面活性剤が健常な皮膚のバリアさえもいとも簡単に破壊してしまうことを表しています。

アナフィラキシーショックや呼吸困難など、重篤な症状も多発していましたが、幸い、命を落とす人はいませんでした。もし、アレルギー発症の原因が石けんにあると判明しなかったら、もっと多くの被害者が出ていたはずです。

　このような事件は「茶のしずく石鹼」に限ったことではありません。イギリスでは、「ピーナッツアレルギーを発症した子は、そうでない子と比べて、ピーナッツオイル入りのスキンケア製品を使用していることが多い」ことが研究で明らかになっています。

　また、大豆を含む化粧水や、魚コラーゲンを含む保湿剤、オート麦やトウモロコシを配合した石けんなどを使っていた人たちが、それぞれの食物アレルギーを発症した事例も、日本で報告されています。

　皮膚のバリアは、異物やウイルス、ほこりなどの外的刺激だけでなく、食べもののアレルギーからも、身を守ってくれる――。

　この事実を知れば、皮膚のバリアをきちんと機能させることがどれだけ大事か、よく理解できると思います。

マスク生活で肌荒れが起こる理由

　時代や社会環境について考察してみると、もうひとつ、最近の特徴が見えてきます。それは、**「マスク生活で肌荒れを起こしている人がとても多い」**ということです。

マスク生活が長引いていることで、さまざまな肌トラブルが起きています。「肌が敏感になった」「湿疹がひかない」「赤みがおさまらない」「ニキビができるようになった」など、人によってトラブルの内容は異なりますが、いずれも、「マスク生活をするようになってからトラブルが出始めた」のは共通しています。

いったいなぜ、マスク生活で肌荒れが起こるのでしょうか。

これにはいくつかの原因が考えられます。まずひとつ目が、**マスクをすることで肌がどんどん乾燥してしまう**から。マスクをしていると、呼吸による湿気のため、なんとなく肌が潤っているような感じがしますよね。でも実際は、逆。潤っているどころか、どんどん乾燥が進んでいるのです。

なぜかというと、マスクの隙間から、マスクの内側にある水分が蒸発する時に、肌の水分までも奪っていってしまうから。そのためどんどん乾燥が進み、肌のバリア機能が衰えてしまうのです。

マスク生活によって肌荒れが起こる2つ目の理由が、**摩擦の問題**。マスクをしている間、ずっと肌とマスクの間には摩擦が起きています。マスクがずれて直そうとすれば、その時にも大きな摩擦が加わりますし、口を動かして話したり、マスクのつけはずしをしたりする時にも、やはり摩擦が生じています。

しかも、マスクの中は常に蒸れて、いってみればお風呂に入っているかのように高温多湿の状態になっています。マスクでふやけ、蒸れている肌は水分を過剰に吸収して膨らんでおり、バリア機能が衰えています。

そのため、ちょっとしたマスクとの摩擦でも肌荒れを起こし、バリア機能がますます低下してしまうのです。

また、高温多湿の蒸れている環境は、雑菌にとってパラダイスといってもいいくらい、居心地が良い場所ですから、どんどん雑菌が繁殖してしまいます。そのため、ニキビが悪化してしまったり、炎症がひどくなってしまったりすることもあります。

肌にやさしい素材のマスクを選んだり、できるだけ通気性の高いものを使ったり、さまざまな工夫をしている人も多いと思います。また、マスクをはずしたあとはキレイに洗顔して、乾燥をいやすためにたっぷり保湿をしている人も多いでしょう。

しかし、これが落とし穴です。これまで何度もお話ししてきたように、洗顔料や化粧水、保湿剤には合成界面活性剤が含まれていることが多いので、それを使ってゴシゴシ洗ったり、バシャバシャ顔を浸したりすれば、ますますバリア機能が衰えてしまいます。

マスクだけで肌が衰えているわけではありません。その後の誤ったケアも、肌トラブルに拍車をかけているのです。

知らないうちに保湿剤がバリアを破壊する

「肌に良いと思って保湿剤をしっかり使っていたけれど、実は、それが肌にダメージを与えているなんて……」と驚いている人も多いでしょう。

クリニックの患者さんに、「毎日、良かれと思って使っている化粧品が、知らず知らずのうちに肌のバリア機能を衰えさせ、肌トラブルの原因になっているんですよ」と話すと、「知りませんでした！」と目を丸くする人がほとんどです。しかし、だからといって、「今日からすべての化粧品を使うのをやめます」「合成界面活性剤を使っていないものに変えます」と即座に答えられる人はごくわずかです。

いいえ、診察室にいた時はそのように考え、「家に帰ったらすぐに化粧品を廃棄しよう。合成界面活性剤を使用していない、本当に肌にやさしいものに変えよう」と決意したのかもしれませんが、家に帰り、いつもの化粧品を眺めると、「高かったからもったいない」「このボトルを使い切ったら変えよう」と、なんだかんだと理由をつけて、結局いつものスキンケアやメイクをくり返している人は少なくありません。

肌に悪いことがわかっても、やめられないのはなぜでしょう？

それは、**合成界面活性剤を使っているものは、そうでないものに比べて圧倒的に使い心地が良いため、肌に浸み込む感じがやみつきになっている**からです。

合成界面活性剤を使用したスキンケアは、いってみれば、上りのエスカレーターを下り続けるような感じです（図９）。

肌に対して何もせず、合成界面活性剤はもちろん何もつけずにほったらかしにしておけば、肌はおのずと自然治癒力を発揮して、地肌力を高め、バリア機能を再生しようとします。

しかし、合成界面活性剤を使用した化粧品を使うと、バリア機能の再生から遠ざかってしまいます。つまり、せっかくエスカレーターが上っているのに、わざわざそのステップを自分の足で下るようなものです。

なぜステップを下るのかといえば、一番下（つまり、バリア機能とは真逆の方向）には、合成界面活性剤による過剰なまでの「使い心地の良さ」があるからです。

肌がしっとりしたり、さっぱりしたり、ツルツルになったり、その化粧品を使うことで魅力的な使用感が得られるから、わざわざ自分の足を使ってでも、エスカレーターを下ろ

図9　肌バリアのエスカレーター理論

そこに立ち止まっている（何もしない）だけで、
肌は自動的に保湿され、バリア機能を維持できる。

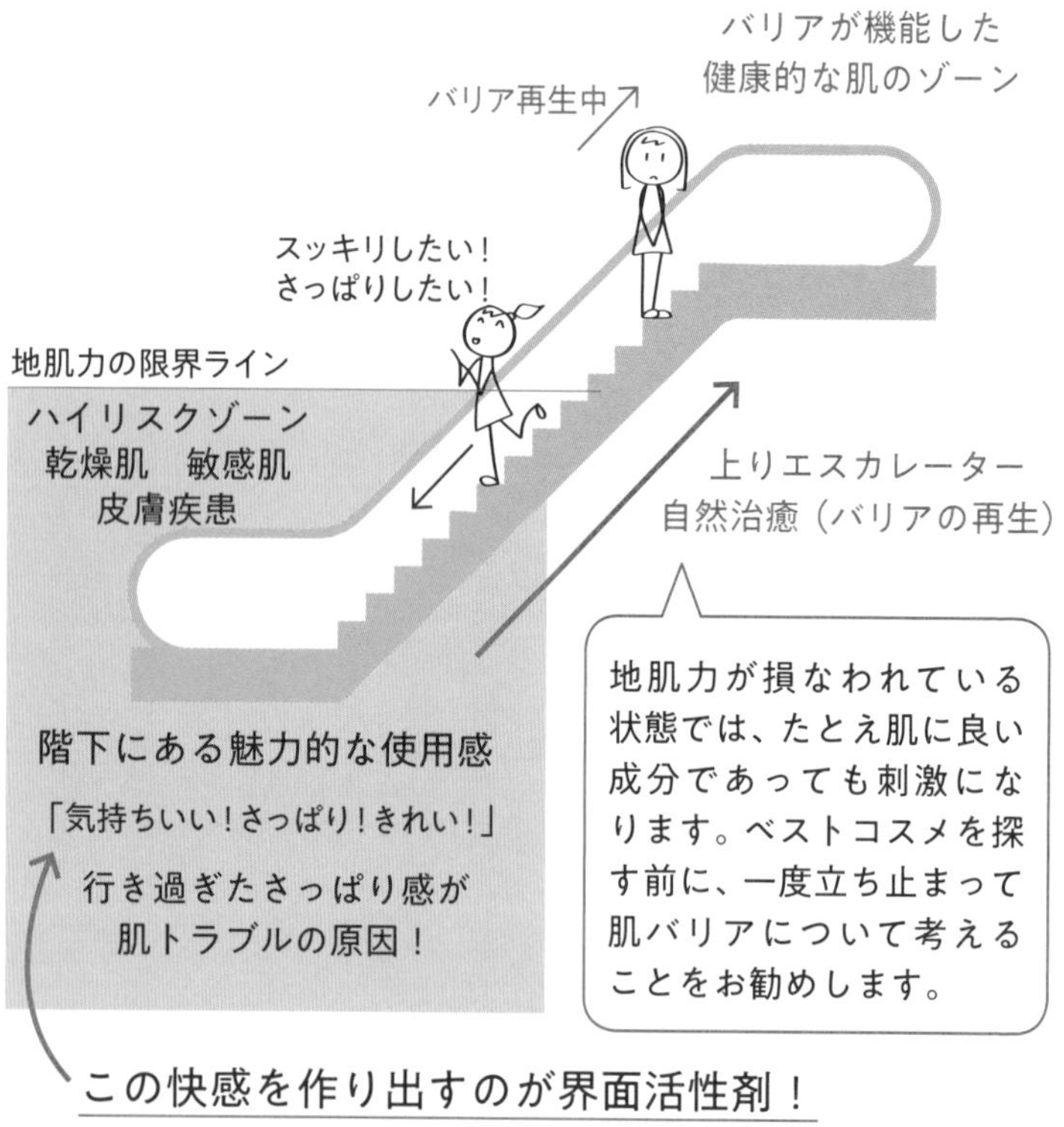

バリアが機能した
健康的な肌のゾーン
バリア再生中
スッキリしたい！
さっぱりしたい！
地肌力の限界ライン
ハイリスクゾーン
乾燥肌　敏感肌
皮膚疾患
上りエスカレーター
自然治癒（バリアの再生）
地肌力が損なわれている状態では、たとえ肌に良い成分であっても刺激になります。ベストコスメを探す前に、一度立ち止まって肌バリアについて考えることをお勧めします。
階下にある魅力的な使用感
「気持ちいい！さっぱり！きれい！」
行き過ぎたさっぱり感が
肌トラブルの原因！
この快感を作り出すのが界面活性剤！

うとしてしまうのです。

そのまま黙ってエスカレーターに乗っていれば、バリア機能は再生されたかもしれないのに、合成界面活性剤を使用した化粧品を使ってバリア機能をますます衰えさせれば、どんどん目的地から遠ざかってしまいます。

つまり、エスカレーターが上るスピードよりも、自分の足で下るスピードの方が早い時、言い換えれば、肌の自然治癒力による回復力を、合成界面活性剤による破壊が上回ってしまう時、肌のコンディションはどんどん悪くなってしまうのです。

そして、地肌力の限界ラインを越えた時、乾燥肌や敏感肌などの症状が始まり、もっとひどくなれば皮膚疾患につながってしまうのです。

地肌力が損なわれている状態では、たとえ、肌に良い成分でも刺激になってしまいます。そのため、地肌力を回復させようと考える前に、まずは、肌のバリア機能についてきちんと考え、炎症が起きているなら一時的にステロイド剤などを使って抑える、乾燥がひどいなら合成界面活性剤に頼らず保湿するなど、「いま、できること」を一段ずつ積み上げていく必要があります。

「3つの保湿因子」1 皮脂膜

皮膚科医の私としては、化粧品ではなく、天然の保湿剤——第1章でお伝えした、自分の体で生み出す3つの保湿因子（皮脂膜、角質細胞間脂質、天然保湿因子）で、潤っていただきたいのです。

3つの保湿因子について、少しお話ししましょう。ひとつ目は**「皮脂膜」**です。

皮脂膜とは、皮膚の表面を覆っている「保護膜」で、皮脂腺から分泌された皮脂（油分）と、汗腺から分泌された汗（水分）が混ざり合ってできたものです。皮脂にはトリグリセリド、遊離脂肪酸、スクアレン、ワックスエステル、コレステロールなどの成分が含まれており、皮脂（油分）と汗（水分）をうまい具合に混ぜ合わせています。

皮脂膜は、角質層の上、肌の表面を覆い、過剰に水分が蒸散していくのを防ぎ、潤いを保つ役割を果たします。このため、適度に皮脂膜がある肌はしっとりと潤って、肌触りもなめらかです。

また皮脂膜には、肌を弱酸性に保つという働きもあります。

図 10　天然の３つの保湿因子

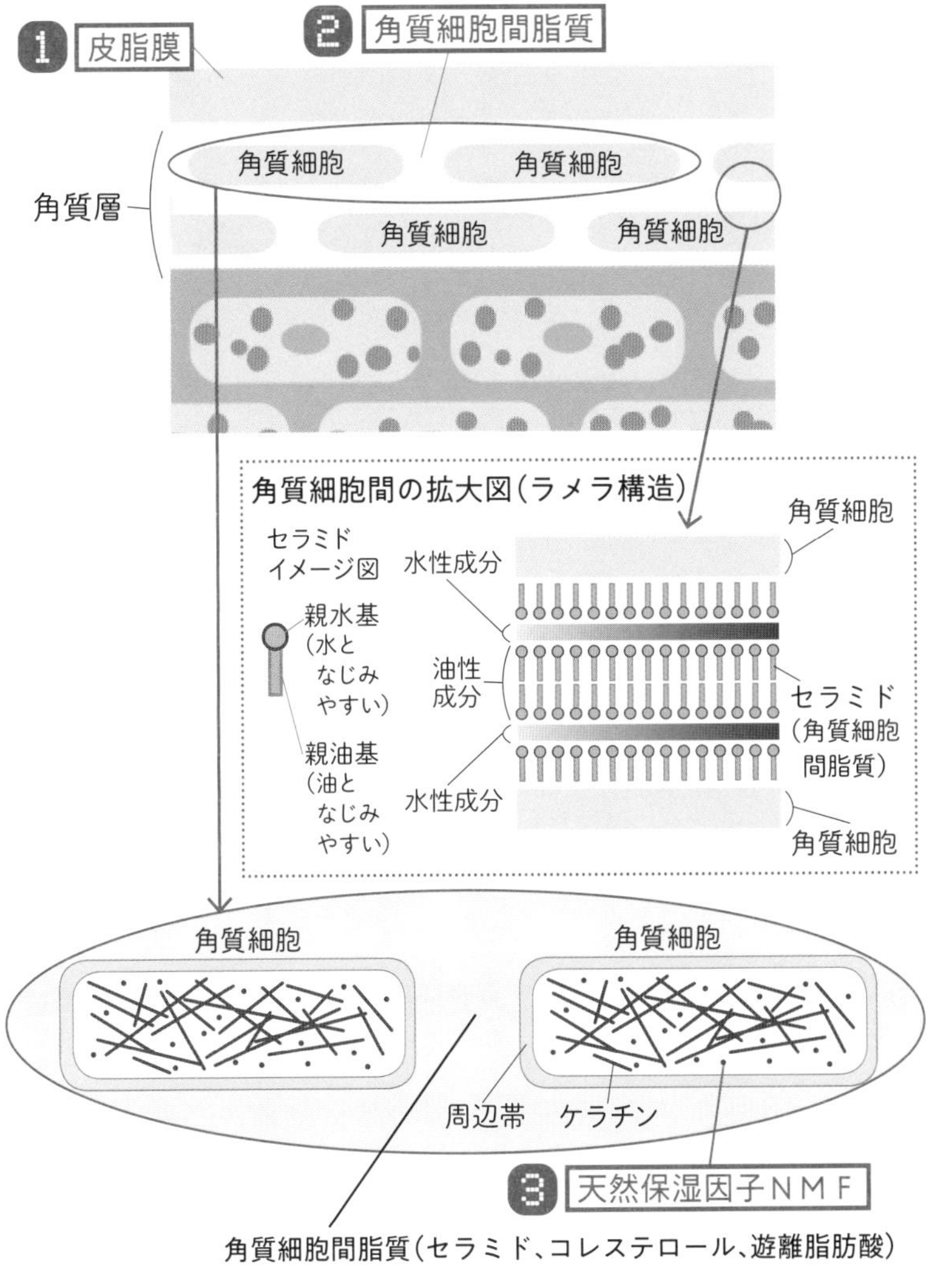

肌がどれくらい酸性になっているかは、pH値で調べます。これは、水素イオン濃度の違いを1から14までの14段階で示したもので、中央値の7を中性とし、それより数字が小さければ酸性、大きければアルカリ性となります。

通常、皮脂膜のpH値は４・５〜６・０の弱酸性です。皮膚の表面に存在する常在菌が、皮脂腺から分泌された皮脂の脂肪酸を分解することで、弱酸性が保たれているのです。また、角質層の３つの保湿因子はすべて弱酸性の時にバリア機能が正常に働くため、水分をキープしやすいという特徴があります。そのため、肌はいつでも弱酸性に保たれているのです。

洗顔したばかりの肌は、一時的にアルカリ性に傾きます。しかし、**肌には「アルカリ中和能」というアルカリ性から弱酸性へ自然と戻る機能があります**。健康な肌の場合は、だいたい30分程度で弱酸性に戻ると言われています。

しかし、もし肌がアルカリ性のままだったらどうなるでしょう?

まず、皮膚にいる常在菌のバランスが崩れます。肌には1平方センチメートルあたり１００万以上の菌がいるとされ、皮膚表面や毛穴の中に、約20種類、数百億個の常在菌が生息しているのです。そして、多くの菌が潤い成分を増やしたり、肌のpH値を弱酸性に保ったり、良い働きをしていて、その中には「美肌菌」と呼ばれるものもあります。

しかしその一方、悪玉菌もいます。その代表格が、黄色ブドウ球菌。傷が膿む原因となったり、肌の乾燥を引き起こしたりする他、アトピー性皮膚炎との関連も指摘されている、悪玉菌の親分です。

実はこの黄色ブドウ球菌は、弱酸性の環境が苦手です。そのため、肌が弱酸性に保たれている限り、あまり悪さをしないのですが、肌がアルカリ性に傾くと、一気に菌が増殖し、たちまち悪さを始めます。

このように、肌が弱酸性からアルカリ性に傾くと、肌の「バリア機能」が乱れて、細菌や微生物などが繁殖しやすくなり、炎症や湿疹を引き起こしたりするのです。

肌を弱酸性に保つために、重要な役割を果たしているのが常在菌です。常在菌のバランスが取れていると、肌は弱酸性がキープされ、水分や油分が適度に保たれて、しっとりなめらかな手触りになるのです。

人間の赤ちゃんの肌は、生まれたばかりの頃は中性です。なぜなら、赤ちゃんの肌は皮脂を十分に作り出せないため、皮脂膜がほとんどないからです。

しかし、生後5～6週が経つ頃には、少しずつ、弱酸性へ変化していきます。もちろんまだ皮脂膜は未熟で、熱いお湯で赤ちゃんを洗うと、皮脂膜がお湯に溶け出してしまい、保湿機能が奪われてしまいます。

しかし、思春期から成人にかけて皮脂の分泌が活発になって皮脂膜は厚くなり、しっかりと作られるようになっていきます。**こうやって人間は天然の、しかも、最高級の保湿クリームを手にしていくのです。**

〔3つの保湿因子〕❷角質細胞間脂質

角質細胞間脂質とは、レンガのように積み重なった角質細胞の隙間を埋めている脂質のことです。図10のように油性成分が水性成分を挟み込み、ミルフィーユのように何層にも積み重なって規則正しく並んでいます。この構造をラメラ構造と言います。この構造で、肌の内部から水分が蒸散するのを防ぎ、水分をつなぎ止め、角質層を保湿しているのです。

角質細胞間脂質は、肌の水分を保持するうえで80％もの比重を占めています。つまり、角質細胞間脂質がなくなると、肌水分の80％が失われてしまうということです。とても大きな役割を果たしているのです。

角質細胞間脂質の中で特に大切な働きを担うのが、**セラミド**という物質です。多くの人が、セラミドという言葉を聞いたことがあるかもしれませんね。そう、化粧水や美容液で「セラミド入り」といわれているものです。

セラミドとは、角質細胞間脂質の50％を占める物質で、界面活性作用があり、角質細胞の隙間を満たして水と油をつなぎとめる保湿の働きをしています。表皮の顆粒細胞が、角質層に上がる過程で放出されます。

また、セラミドは、外敵から肌を守るバリアの働きも担っています。つまり、角質層がセラミドでたっぷりと満たされた肌は、バリア機能が十分に働いていて外部刺激による肌荒れを起こしにくく、さらに、みずみずしく潤い、キメが整っている状態です。美しい肌には不可欠ですね。

〔3つの保湿因子〕❸天然保湿因子NMF

角質層に存在する保湿因子の3つ目は、「天然保湿因子NMF（Natural Moisturizing Factor）」です。皮脂膜、角質細胞間脂質と合わせて「保湿三銃士」と呼べそうですね。

NMFは、角質細胞の中に存在し、その40％がアミノ酸でできている、保湿成分の総称です。アミノ酸は水分を抱えて保持する性質があるので、NMFは水の分子と非常に結合しやすく、いったん結合すると放しにくいのです。水分が長く肌にとどまりますので、私たちをしっかり保湿してくれるというわけです。

ＮＭＦはターンオーバーの過程で生まれます。ターンオーバーのスピードが速いと、時間不足で十分に作られませんので、ターンオーバーは速いほどいい、というわけでもありません。やはり適正な周期でくり返されることが望ましいのです。

ＮＭＦは、どのように角質細胞の中に存在するかを見てみましょう。

角質細胞の中に、ケラチンという素材でできたハンモック風のものがたくさんがあると想像してください。そのハンモックの中にＮＭＦは入っています。

ケラチンという名称は聞いたことがあるのではないでしょうか。「ケラチンが不足すると、髪の毛がパサついたり枝毛や切れ毛になったりする」「爪が乾燥して割れやすくなるのはケラチン不足のせい」といったように。

ケラチンはタンパク質の一種で、髪の毛や爪の主成分ですが、皮膚にも多くあるのです。表皮細胞を作る成分の中で、最も多い物質です。ケラチンがあるので、細胞はその形を保てますし、内部も保護されます。

髪の毛がなかなか分解しないように、ケラチンは酸にもアルカリにも強く、化学的に安定しているのですが、劣化はします。また、強烈な外的ストレスにさらされると、壊れたり溶解したりします。すると、ケラチンハンモックに入っていたＮＭＦはとどまることができず、角質細胞から流出していきます。ＮＭＦが流出するとは、水分をキープするアミノ酸が失われることですから、当然、肌は乾燥します。外部刺激にも弱くなり、肌トラブルが起こりやすくもなります。

ＮＭＦを保持するためには、ケラチンのハンモックを丈夫にしておくことが大切です。また、日光や摩擦などもハンモックを劣化させる外的なストレスになりかねませんので、ＮＭＦを守るためにも注意が必要です。

天然の高級保湿クリームを落とし、人工の保湿クリームを塗るナンセンス

皮脂膜は、元来、人間に備わっているものです。１個数万円もする高級クリームと違って、もともと人間にあるものですし、特別なスキンケアも不要です。

これほど素晴らしいものが備わっているのに、なぜ多くの人は、合成界面活性剤の入った洗顔料を使って、わざわざその保湿クリームを落としてしまうのでしょう。

人間の皮膚は、皮脂膜で覆われることによって、外部から有害なものが侵入してこない

ように守られています。しかし、合成界面活性剤を使って顔をゴシゴシと洗えば、皮脂膜はどうなってしまうでしょう。

合成界面活性剤は、水や油など、本来混ざり合わないものの境界面（＝界面）を変質させて、両者を溶け合わせるという性質がありますから、合成界面活性剤が皮膚に付着すると皮脂膜が溶け出しバリア機能は衰えてしまいます。それだけでなく、皮脂膜には皮膚の水分が過剰に蒸発するのを防ぐという役割もありますから、どんどん水分が蒸発してしまい、皮膚がカサカサに乾燥してしまいます。

合成界面活性剤が影響を与えるのは、皮脂膜だけではありません。その強力な洗浄力で、角質細胞間脂質も洗い流してしまいます。洗い流されたあとの角質層は、「水と油のつなぎ役」がいなくなってしまうので、水分が保持できず、また、細胞間を埋めていた物質がなくなるのでスカスカの状態に……。隙間だらけの皮膚は、ちょっとした外的刺激で、肌荒れやカサつきをくり返しやすくなってしまいます。

そんなところへ「セラミド（＝角質細胞間脂質）配合」と書かれた美容液や化粧水をたっぷり使っても、あとの祭り。美容液や化粧水に配合されたセラミドは、確かに化学的に作られた優秀なものかもしれませんが、どれだけがんばっても、自分の肌が作り出す天然のセラミドには敵わないのです。

誰も、食器を洗う洗剤で顔を洗いたいとは思わないですよね。でも、食器を洗う洗剤も、普段多くの人が使っている洗顔料も、どちらも多くの製品が合成界面活性剤を使用しています。つまり、いくら皮膚に良さそうな洗顔料を選んだとしても、結局のところ、食器を洗う洗剤で顔を洗っているのと同じことだと思いませんか？

さらに、スキンケアの間違いは続きます。

天然の高級保湿クリームをわざわざ合成界面活性剤入りの洗顔料で落としたあと、そこに、人工の保湿クリームをたっぷりと塗るのです。

もちろん、人工の保湿クリームにはしっかり合成界面活性剤が使われています。合成界面活性剤がなければ、水分と油分を混ぜ合わせてなめらかなクリームにすることはできませんし、肌にもスーッと浸透していかないでしょう。肌触りが良く、しっとりした使い心地にもなりません。

それに、すでに第1章でお話しした通り、保湿成分そのものとしても合成界面活性剤が使われているのです。合成界面活性剤の入った人工の保湿クリームを使えば、肌のバリアゾーンが破壊されて異物の侵入を招き、炎症を起こしやすくなりますし、水分も過剰に蒸発してカサカサになってしまいます。

さらに、合成界面活性剤は自然に分解されることがないので、垢と一緒に剥がれ落ちるまで肌にとどまり続け、じわじわと肌の機能を壊していきます。

とても怖いことだと思いませんか。

それでも、こうしたことを多くの人が毎日くり返していることは、紛れもない事実なのです。

スキンケアが必要なのは皮膚に異常がある人だけ

あなたはスキンケアをしないとキレイになれないと思っていませんか?

ここでいうスキンケアとは、洗浄剤で汚れを落とし、保湿剤を塗って保湿して、日焼け止めを塗って紫外線対策をするというもの。つまり、洗浄剤、保湿剤や日焼け止めなどのアイテムを使ってのスキンケアのことです。この3種のアイテムすべてに界面活性剤が使われています。

合成界面活性剤の実態はわからなくても、「なんとなく肌に悪そう」というイメージは、きっと多くの人が持っていると思います。消費者団体のなかには、合成界面活性剤を使った製品に対して不買運動や抗議活動を起こしているところもありますし、スーパーやドラッグストアなどの売り場で「合成界面活性剤不使用」と書かれた製品を見れば、「合成界面活性剤は体に悪いのだな」と、なんとなく想像がつきます。

それでも**なぜ、まじめに洗浄剤、保湿剤、日焼け止めという「三種の神器」を使ったスキンケアを多くの人が続けているかというと、ただ単に洗浄剤や保湿剤、日焼け止めなどに合成界面活性剤が使われているという事実を知らないから。**

皮膚科医でさえ、クリームなどを作る際に必要な乳化剤や汚れを落とす洗浄剤以外にも界面活性剤が使われているという事実を知らない（そもそも興味がない）人がいるのですから、一般の人たちが知らないのは当然です。

私も以前は界面活性剤と言えば乳化剤と洗浄剤に使われているものだと思っていました。しかし、作用が緩やかでなければならないはずの化粧品が皮膚から吸収されて機能を発揮することを知った時に、いったいどうやってバリアを通過させているのだろうという疑問がわきました。しかしそれが界面活性剤のしわざだとは意識していませんでした。その後、界面活性剤が浸透剤であることを知り容易に理解できました。ちなみに皮膚科でよく使う外用ステロイド剤は分子量が小さく浸透剤の力がなくても吸収されます。

また、保湿成分としての界面活性剤のことは考えたこともなかったのですが、改めて考えると、もともと人体に備わっている保湿成分であるセラミドも、その構造は界面活性剤と同じなので、界面活性剤に保湿機能があることを理解しました。

ただ、この本を通して合成界面活性剤の怖さや、化粧品業界の不都合な真実を知ってしまった人たちには、ぜひ、スキンケアの仕方や意義を見直してほしいと思います。

もし、いま肌になんのトラブルもなく健康なら、そして、「できれば面倒なケアはしたくない」「メイクも極力シンプルにしたい」という気持ちがあるなら、スキンケアは手抜きで十分です。

いいえ、もっと言えば、「スキンケアはやらなくても大丈夫」です。

誤解のないようにしつこく書きますが、ここでいうスキンケアとは、洗浄剤、保湿剤や日焼け止めなどのスキンケア用品を使ってのスキンケアのことです。要は、「合成界面活性剤をやめよう」ということです。

スキンケア用品を使わなくても大丈夫。むしろ、使わない方が最高のスキンケアになるのです。

すべての人が一律に同じスキンケアをする必要はありません。

なぜならば、すべての生物には多様性がありますし、その生活環境も異なるからです。体質、遺伝、暮らす場所、職業によっても肌の環境や状態は変わります。違いがあるのは、当然のこと。そのため、**すべての人が同じスキンケアをする必要はないのです。**

しかし、人体の基本的な仕組みはみんな同じです。そのためまずはその仕組みをきちんと知ることが大切で、その知識さえあれば、その都度、自分に合ったスキンケアを自分の頭で考え、判断できるようになるはずです。

つまり大事なことは、「正しいスキンケアの方法を学ぶこと」ではなくて、「正しいスキンケアの方法を見つけるために、正しい知識を身につけること」なのです。

第3章
シャンプーをやめたら手荒れが治った

なぜ、営業職に薄毛の人が多いのか？

興味深い調査結果があります。

２０１３年4月、科学的根拠のある治療法を提供する薄毛治療専門医院銀座ＨＳクリニックが20〜50代の男性４００名を対象に、「薄毛と仕事に関する意識調査」を行いました。

すると、**薄毛と仕事の間に、ひとつの関係性が見つかった**のです。

それは、「営業職の約60％、企画マーケティング職では約70％が薄毛を自覚している」ということです。

この調査項目は「薄毛を自覚しているかどうか」であり、「実際に薄毛になっているかどうか」ではないのですが、薄毛は客観的基準ではなく、自己判断が重要なので、この結果から「営業職や企画マーケティング職の人には、薄毛が多い」ということが言えそうです。

それはなぜでしょうか。いろいろな理由が考えられますが、まず、それらの職種の人たちは他者と接する機会が多く、ある意味、自分をアピールするのが仕事です。草食系というより肉食系で、男性ホルモン多めで仕事をバリバリがんばるタイプと言えます。

すると、当然、ストレスも多くなりますし、連日、接待や残業続きでライフスタイルや食習慣が乱れがちかもしれません。**ストレスや生活習慣の乱れは、薄毛の大敵。**睡眠時間が短くなれば、髪の成長に必要なホルモンの分泌が妨げられますし、自律神経も乱れて血流が悪くなり、頭皮に十分な栄養素が届かなくなってしまいます。

営業職や企画マーケティング職のように、人と接する機会が多く、普段からストレスにさらされている人たちは、本人が納得するかどうかはさておいて、薄毛が多いのもやむを得ないのかもしれません。

しかし、私はもうひとつ重要なことがあると考えています。

それは、その職種の人たちは人と接する機会が多いために、普段から必要以上に身だしなみに気をつけているということです。

スーツのシワやシャツの汚れだけでなく、彼らは当然、頭髪のケアにも十分注意しているることでしょう。フケが出ないように念入りにシャンプーをしたり、サラサラヘアの方が好感度が高いため、高価なトリートメントを使ったり、出がけにはビシッとヘアワックスをつけて髪型を整えたり……。

しかし、それらの製品に合成界面活性剤が使われているかもしれないということを、多くの人は意識していません。そして、使えば使うほど頭皮にダメージを与え、頭皮の乾燥を促進させて、毛髪が育ちづらい環境にしてしまいます。

また、**シャンプーなどに含まれる合成界面活性剤は、髪の毛の主成分でもあるタンパク質にダメージを与え、破壊してしまうといった怖さもあります。**それによって髪の毛が細くなったり枝毛になったりする他、抜け毛が増える原因にもなってしまいます。

先ほどの調査は、もうひとつ、興味深い結果を示しています。それは、「ＩＴ専門職では薄毛を自覚している人は、営業職や企画マーケティング職の約半分のわずか37％だった」ということです。

これも偏った見方かもしれませんが、ＩＴ専門職の人は、あまり社外の人と接する機会がありません。黙々とコンピュータに向き合い、作業をしているイメージです。

そのため、身だしなみに気を使わなくなるかもしれませんし、シャンプーやトリートメントにそれほどお金をかけることはないかもしれません。結局、髪の毛に対して何も手を加えないから、髪の毛が健康に伸び伸びと育っている、と言えるかもしれません。

「薄毛になるリスクはあるけれど、シャンプーやトリートメントをがんばる」か、あるいは、「シャンプーやトリートメントをがんばらないで、薄毛になるリスクが少ない生活をする」か。これは男性だけでなく、女性にも問いかけたい質問です。あなたはどちらを選びますか？

肌や頭皮の汚れはぬるま湯洗いだけで80%落とせる

一般に、手荒れが激しい職業の代表格として挙げられるのが、美容師です。１日に何度もシャンプーをしたり髪の毛を触ったりと、刺激が多いですし、よく手が濡れていますので、水分が蒸発する時に皮膚の水分まで奪われてしまいます。

しかし接客業として、荒れた手でお客さんに触れるわけにはいきませんから、人知れず苦労してハンドケアをがんばっている美容師が少なくありません。

私のクリニックにも、ひどい手荒れに悩み、自己流ではどうにもならないとして診察を受けに来る美容師が大勢います。

美容師とはそういう仕事なのですから、なかなか本音を言うことはできませんが、私は心の中でこんなことを考えています。

「いっそ、シャンプーをするのをやめたら良いのにな。そうしたら、手荒れはすっきり治るかもしれないのに！」

美容師の手荒れの原因にはさまざまありますが、最大のものは、シャンプーです。すなわち、**シャンプーに含まれる合成界面活性剤が手に残留し、手の皮膚のバリア機能を障害**

した結果、手荒れを引き起こしているのです。

日本に合成界面活性剤入りのシャンプーが登場したのは、1950年代に入ってからです。大正から昭和にかけては、石けんを原料とした粉状や液体のものを使っていました。それよりもっと前の明治時代では、皮脂などを落とすために粘土や火山灰を使って髪の毛を洗っていたといいますし、ユニークなことに、洗い上がりの手触りを良くするために、卵白や「ふのり」などが使われることもあったといいます。

さらにさかのぼって江戸時代では、女性が髪の毛を洗うのはとてもまれで、月1~2回程度だったといいます。しかもそれは身だしなみに気を使う高貴な女性や、花柳界の女性の場合で、それ以外の女性は髪をくしでとかすことで、髪の毛の汚れを落としたり、艶を出したりしていたそうです。

時代とともに衛生環境は変わりますし、身だしなみに対する考え方も変化します。いまの時代、月1~2回しか髪の毛を洗わない人はほとんどいないでしょうし、髪の毛を洗うこと自体が悪いことではありません。

しかし、**日本で「髪の毛を洗う」という行為が大きく変わったのは、合成界面活性剤入りのシャンプーが登場した頃です。**

髪の毛を洗ったあとのさっぱり感。サラサラで指通りの良い髪の毛。そうした感覚を知ってしまった以上、「明日から、火山灰で髪の毛を洗ってください」「リンスやトリートメントを使わず、卵白をつけてください」と言われても「絶対、イヤ」と思ってしまうのは当然です。

しかし元来、シャンプーはなんのために行うのか、考えてみてください。

本来、シャンプーの目的は、頭髪にたっぷりとつけられたポマードを落とすことだったそうです。だから、シャンプーに使われている合成界面活性剤は、どの洗浄剤よりも洗浄力が強いのが特徴です。

そのため、あまり洗い残しを気にせず、「泡が出なくなれば良い」くらいの感覚で流すだけでは、いつまでも合成界面活性剤が肌に残ってしまい、頭皮トラブルを引き起こしてしまいます。

そもそも、ポマードなど強力な整髪料を使わない人は、シャンプーは必要ないのではないでしょうか？

実は、**肌や頭皮の汚れは、ぬるま湯で流すだけで80％を落とすことができる**のです。

通常、シャンプーをする前に、髪の毛をお湯で湿らせますよね。この時、ただ湿らせるのではなく、お湯だけで頭皮や髪の毛を洗うことを、「予洗い」といいますが、この予洗いだけで、80%の汚れを落とすことができるのです。

臨床皮膚医学に基づき、低刺激性の化粧品ノブシリーズを製造販売している常盤薬品工業株式会社が、興味深い実験を行っています。カーボンブラックを配合し、黒く着色したほこり汚れと皮脂汚れを頭皮に塗布して、シャワーを使って38~40度のぬるま湯ですすぎを行いました。するとたった1分間、すすぎ洗いをするだけで、頭皮の汚れは約80%落ちていたのです。

予洗いだけでも80%落とせるのだとしたら、残りの20%を落とすために、わざわざ危険性の高いシャンプーを使う必要があるのでしょうか?

「本当に、毎日シャンプーをする意味があるのだろうか」と、疑う気持ちが芽生えてきませんか?

本当に肌にやさしい?「弱酸性洗浄剤」の落とし穴

少し前になりますが、「弱酸性」という言葉がもてはやされた時代がありました。

ＣＭや広告では「弱酸性」という言葉が連呼され、シャンプーも、化粧水も、洗顔料も弱酸性のものが飛ぶように売れました。確かに「弱酸性」と聞くと、なんとなく、体に良さそうで、やさしいイメージがありませんか？

しかし、そのイメージは間違いです。

確かに、人間の肌は弱酸性です。だからといって、**肌に使う化粧水や洗顔料も弱酸性が良いかというと、そういうわけではありません**。

なぜなら、弱酸性の化粧水や洗浄剤は、合成界面活性剤を配合しないと作ることができないからです。そして合成界面活性剤は、洗い流さない限り、いつまでも肌にとどまり、肌のバリア機能を破壊し続けてしまいます。

一方、弱酸性と対をなすものとして、アルカリ性の石けんがあります。

本来、石けんは水に溶けるとアルカリ性になります。石けんで顔を洗うと、洗い立ては肌がつっぱるような感じがするでしょう。これは、石けんの界面活性作用による脱脂力のためです。

しかしそのまましばらくすると、次第に肌が潤ってきて、つっぱり感がなくなってくるのを感じるはずです。時間とともにつっぱり感が回復するのは、肌が本来持っている弱酸性の力でアルカリが中和され、界面活性作用の影響がなくなったからです。

「肌が弱酸性だから」といって弱酸性の洗顔料で顔を洗い続けると、いつまでも肌表面に合成界面活性剤が残ってしまい、皮膚のバリア機能を壊し、水分を過剰に蒸発させ、肌にダメージを与えてしまいます。

しかし**アルカリ性の石けんを使えば、肌のアルカリ中和能によって、自然にいつもの弱酸性に戻る**のです。

もちろん、アルカリ性の石けんを使ったあと、肌のつっぱり感が気になるからといって、合成界面活性剤が入った化粧水や乳液、保湿剤などをたっぷり使えば、元も子もありません。合成界面活性剤のサイクルが回り出し、たちまち肌にダメージを与えてしまいます。

また、「石けんで顔を洗うと、荒れてしまう」という人もいると思います。その場合は、石けんが悪いのではなくて、おそらく地肌力が衰えているからです。

健康な肌なら、アルカリ性の石けんを使ったあと、一時的にアルカリ性に傾いても、すぐにもとの弱酸性に戻せます。これが健康な肌の証ですから、ニキビやカブレなどに悩まされることもありませんし、いつまでも水分を保持してキメ細かく美しい肌でいられます。

しかし、地肌力が弱いとどうなるでしょう。アルカリを中和する機能も落ちていますから、肌は石けんを使ったあと、本来の弱酸性に戻せなくなってしまいます。肌がアルカリ性に傾いてしまうと、皮膚表面が過敏になり悪玉菌による炎症を起こしやすくなり、乾燥や肌荒れを起こしやすくなってしまいます。

アルカリ性の石けんも使えないくらい地肌力の弱っている人は、洗浄剤を一切使わずにぬるま水洗い（※３）にしてください。そのうちに本来の地肌力が必ず戻ってきますよ。

いずれにしても大事なのは、**安易に「弱酸性＝肌に良い」と考えるのはとても危険だ**、ということです。

しかし、ＣＭや広告ではそうした「不都合な真実」は一切、隠されています。耳に心地良い言葉で視聴者の気分を上げて、購買意欲をかき立てるだけです。

ＣＭや広告にだまされない。まずは消費者自身が正しい知識を持ち、「うっかりするとだまされる」という現実を認識することが大切なのです。

※３　「ぬるま湯」ではなく「ぬるま水」を使う理由：「ぬるま湯」というと「熱くないお湯」のイメージですが、これでは熱すぎて自前の保湿因子まで洗い流してしまいます。洗顔における適温は「冷たくない水」。温度の目安は32〜34度で、これを「ぬるま水」と表現しています。

洗浄剤を使うのをやめても何も困らない

毎日使っている洗顔料やシャンプー、化粧水、乳液など、顔や髪の毛に使っているものを数えたら、何種類になりますか？

もし、それらがまったく手に入らなくなったら、あなたはどうしますか？

実際のところ、それらの製品を使わなくなったとしても、何も問題はないはずです。**肌には天然の最高級保湿クリームがありますし、地肌力があれば、常に皮膚を潤った状態にしてくれます。**

髪の毛だって、ポマードなど整髪料をベッタリとつけなければ、水洗いで十分ですし、意外なことに、においやベトベト感もほとんど気になりません。

薬をつけても、シャンプーを低刺激性のものに変えても、少しも頭皮トラブルが改善しない患者さん数名に、シャンプー剤を使用しない湯シャン（お湯のみの洗髪）を提案したことがあります。

その時の反応がこちらです。

「頭皮の汚れが取りきれないのでは?」

「クサくなりそう」

「かゆくなりそう」

「ベタベタしそう」

「習慣をやめるのは抵抗感がある」

きっと、ほとんどの人が似たような反応を示すのではないかと思います。


人は未知のものを恐れ、現状維持が安全だと考える生き物です。本能的に、そして無意識に、「いまのままが一番」と思い込んでいるため、行動に現状維持のバイアスがかかります。

また、人間には「メンタルブロック」という機能もあります。メンタルブロックとは、無意識下で発動する心のブレーキのことです。


たとえば仕事で、自分の手に余るほど大きな仕事が舞い込んできた時、無意識のうちに、こう考えるのではないでしょうか。

「これは無理」

「これはできない」

「これはうまくいかない」

「だから、引き受けない方がよい」

「無理」「できない」ということに、決して根拠があるわけではありません。頭のなかで、「引き受けて失敗するなら、現状維持が良い、何もしないのが一番」と考えてしまうのです。

つまり、メンタルブロックが発動していると、根拠のない決めつけで身動きが取れなくなるのです。


「肌荒れが良くならないなら、別の、低刺激性のシャンプーを使えば良いんじゃないの。いままで使っていたものが、肌に合わなかっただけじゃないの？」

そう思う人もいるかもしれません。

しかし、**シャンプーに限らず、化粧品全般に「低刺激性」という基準は存在しません。**正確に言えば、化粧品メーカーが自社の基準に照らして、「この製品は他の製品よりも刺激が少ない」と、低刺激性を謳っているだけなのです。

確かに低刺激性と書かれていたら、「敏感肌の人でも安心して使える」という感じがしますし、「髪や地肌に良さそう」というイメージを持ちます。

しかし、実際は明確な基準はありませんし、化粧品メーカーの判断を信じるしかありませんから、「本当に、髪の毛や地肌に良いの？」と疑いたくなってしまいます。

いま、肌荒れなどのトラブルに悩んでいる人がいたら、試しに、洗顔料をやめてみましょう。そのために、まずは「現状維持が安全」という根拠のない思い込みや、「できない」と思うメンタルブロックを解除してみてください。

きっとあなたは、「洗顔料をやめることなんて、できない」のではありません。「洗顔料をやめることなんてできない、という思い込みを解除できない」だけなのですから。

もし、そのブロックを解除することができたら、「こんな簡単に、洗顔料をやめることができるなんて」と驚くはずです。

そして、肌荒れという身体的不快感を、ますます本気で改善したいと思えるようになるでしょう。

まずは、だまされたと思ってしばらくの間、試してみてください。

１か月後、芸能人のような美肌が手に入っているかもしれませんよ。

「スッキリ、さっぱり、気持ち良い」は地肌には悪い

インターワイヤード株式会社が運営するネットリサーチの「DIMSDRIVE」は、2017年9月、シャンプーに関するアンケート調査を行いました。回答したのは、20代以上の男女3700人です。

まず、髪の毛を洗う頻度は、すべての季節で「毎日（1日1回）」が最も多く、特に多いのは夏で、「1日2回以上」も合わせると、「毎日髪の毛を洗う」と答えた人は、76・4%にものぼりました。

興味深いのは、男女でシャンプーに期待するものに差があることです。

シャンプーに求める機能・効能は、「仕上がり感（サラサラ、しっとりなど）」が平均50・3%と男女とも断トツで多かったのですが、男女別に見ると男性が36・8%であるのに対し、女性はなんと70・0%もの人がそう答えています。

他にも、「指どおりの良さ」「ダメージヘアへの効果」などで女性が男性よりもかなり高くなっていました。男性に比べて女性の方が髪の毛をケアする気持ちが強いため、シャンプーを選ぶ際には仕上がり感や指どおりの良さ、ダメージヘアへの効果など、髪の毛に対

する効果を求める人が多いようです。

一方男性は、「フケ・カユミを防ぐ」「育毛・養毛」「スカルプ（頭皮）ケア」など、髪の毛というよりも頭皮への効果を重視している人が多いことがわかりました。

この結果を見て、「わかる、わかる」と納得する女性も多いのではないでしょうか。髪の毛は、いつでもツヤツヤ、サラサラであってほしい。洗い上がりはスッキリでさっぱり。そうした心地良さも、シャンプーに求めるもののひとつだと思います。

しかし、本当にそうしたシャンプーは、頭皮や地肌にも、良い影響を与えているでしょうか？

シャンプーに使用される界面活性剤には、石けんや動植物の脂質に由来する洗浄成分を含んだ「石けん系」や、アミノ酸から作られた洗浄成分を含んだ「アミノ酸系」など、さまざまな成分があります。特にアミノ酸は保水力が高く、またアミノ酸系洗浄成分はアミノ酸が組み込まれた分子構造をしているため、肌や髪の毛にやさしいと謳って販売されています。そうしたなかで、特に注意したいのは石油などを原料にして作られる「高級アルコール系」です。

高級アルコール系シャンプーとは、高級アルコール系界面活性剤を含むシャンプーのことで、日本で最も多く出回っているシャンプーです。

なぜなら**高級アルコール系界面活性剤はとても安価で、泡立ちも洗浄力も非常に強く、洗い上がりに爽快感が得られる**から。そのため、シャンプーをはじめ、ボディソープでもよく使われているのです。

確かに、高級アルコール系のシャンプーを使って髪の毛を洗えば、スッキリ、さっぱりという感覚は得られるかもしれませんが、その一方、洗浄力があまりに強すぎるために、かゆみや乾燥が起こる原因になっていることもあります。

「スッキリ、さっぱり、気持ち良い」という感覚は、確かにクセになるくらい心地良いものかもしれません。しかしその反面、地肌にダメージを与えてしまっては、シャンプーをする意味があるでしょうか。

「入っていたら要注意」の成分はコレだ！

高級アルコール系界面活性剤の代表格として、最も有名なものは、次の3つです。

1．ラウリル硫酸ナトリウム

２．ラウレス硫酸ナトリウム

３．ラウレス硫酸アンモニウム

３つのうち、最も強力なのが、ラウリル硫酸ナトリウムです。これは、安価で洗浄力と泡立ちが良いため、大量生産に向いていますが、その反面、分子量がとても小さく、肌から体内に侵入しやすいとされています。

しかし、この成分は非常に刺激が強いため、現在ではシャンプーの原料としては、ほとんど使用されなくなっています。

また、ラウレス硫酸ナトリウムとラウレス硫酸アンモニウムは、ラウリル硫酸ナトリウムよりも分子量が大きく、肌への浸透も少なくなっており、まだ、安全性に配慮していると言えますが、それでも洗浄力が高く、皮膚バリアを簡単に傷害し、肌にとって刺激となることは否めません。

確かに、汚れをすっきり洗い流すことはできるとしても、頭皮に強い刺激を与えるために、その後、乾燥を引き起こし、頭皮のトラブルにつながるリスクがあるということです。

これらの成分は、かつては石油から合成されていたため、石油系と言われることも多かったのですが、現在では植物由来で作られることも多くなってきました。

植物由来なら安全と思うかもしれませんが、植物由来だからといって決して安全というわけではありませんので気をつけましょう。

シャンプーを購入する際に、こうした成分が含まれていないかどうか、いちいちチェックするのは面倒かもしれません。パッケージに記載された文字が小さくて読めないという人もいるでしょう。

しかし大抵の商品は、ウェブサイトに原材料が表記されていますし、もっと細かく知りたいなら、メーカーに問い合わせることだってできます。

でも、**一番のお勧めは、いっそのことシャンプーを一切使わないという選択肢**です。

頭皮や地肌など、一生付き合っていかなければならないものを守るため、いま、新しい一歩を踏み出してみるのも良いのではないでしょうか。

シャンプーをやめたら手荒れが治った

現在、私はシャンプーを使っていません。最後に自分でシャンプーをしたのは、２０１８年11月です。

シャンプーをやめていったい何が変わったかというと、毎年悩まされていた**手荒れがいつの間にか治ってしまっていた**のです。これにはとても驚きました。

1か月に1回程度、美容室でヘアカットや白髪染めをするので、そのタイミングでシャンプーをしてもらうことはありますが、自分でシャンプーをすることは、もう4年以上ありません。その間シャンプーをまったく触っていなかったのです。

頭皮に関しては「特段、何も変わらない」というのが本音です。髪の毛がベタベタになるかというとそうではありませんし、嫌なにおいがするわけでもありません。フケが散らばって他人に不快感を与えることもありませんし、特に困ることはないのです。

反対に、シャンプーをやめて良かったことは、手荒れが治ったことが一番ですが、それ以外にもたくさんあります。

まず、**抜け毛が減りました。さらに髪の毛のコシが強くなった**のでしょう、若い頃のように寝ぐせもつくようになりました。**それから、シャンプーを買う必要がなくなったので、経済的にもメリットが生まれました。**

さらに、シャンプーをしなくなったことで、**入浴時間にゆとりが生まれ、以前よりゆっくり湯船に浸かるなど、リラックスできるようになりました。**

併せて、ボディソープの使用もやめていますので、届く範囲はすべて自分の手でさすり洗いをします。そうすると、自分の体をすみずみまで観察でき、大切に扱えるようになりました。

ヌルヌルしていることを気持ち良いと思おう

現在もシャンプーで髪の毛や頭皮を洗う代わりに、ぬるま湯をかけながら1分程度、頭皮を指で洗っています。それで汚れの80%を落とすことができますから、20%が残っていたとしても微々たるもの。油まみれになることもありませんし、整髪料もつけませんから、汚れの80%が落ちれば特別に問題はありません。

シャンプーをやめて気になることがあるとすれば、髪の毛が濡れている時、なんとなくヌルヌルしていると感じることでしょうか。でも、髪の毛が乾けばヌルヌルした感じはなくなりますから、何も問題はありませんし、すぐに気にならなくなります。

そもそも、なぜ髪の毛がヌルヌルするかといえば、それは、天然の保湿エッセンスが髪の表面を覆っているからです。

角質細胞間脂質の主成分であるセラミドが、肌を乾燥から守るのに重要な役割を果たしていることは、すでにお話ししましたが、実はセラミドは肌だけでなく、頭皮や髪の毛にも含まれて乾燥を防いでいます。

同様に、コラーゲンやヒアルロン酸など、肌の潤いを守るものとしておなじみの成分も、頭皮や髪の毛を健康的に保つのに重要な役割を果たしています。

さらに、髪の毛は外側からキューティクル、コルテックス、メデュラという3層構造になっており、ちょうどのり巻きのように、「具材役」のメデュラと「ごはん役」のコルテックスを、「のり役」のキューティクルがくるっと巻いた状態になっています（図11）。うろこ状のキューティクルは髪の内部を保護する役割を担っていて、ブラッシングなどの物理的な刺激や、水や薬剤などの化学的刺激から、毛髪の内部を保護する役割を持っています。

しかし、**洗浄力が強力なシャンプーを使うと、このキューティクルが破壊されてしまいます。**

なぜなら、シャンプーの成分が髪の毛の内部に浸透してしまうため、シャンプーに含まれている合成界面活性剤がキューティクルを溶かして変性させ、どんどん壊してしまうからです。

キューティクルが壊されてしまった髪は、紫外線など外的刺激のダメージを受けやすく

図11　髪の毛の構造

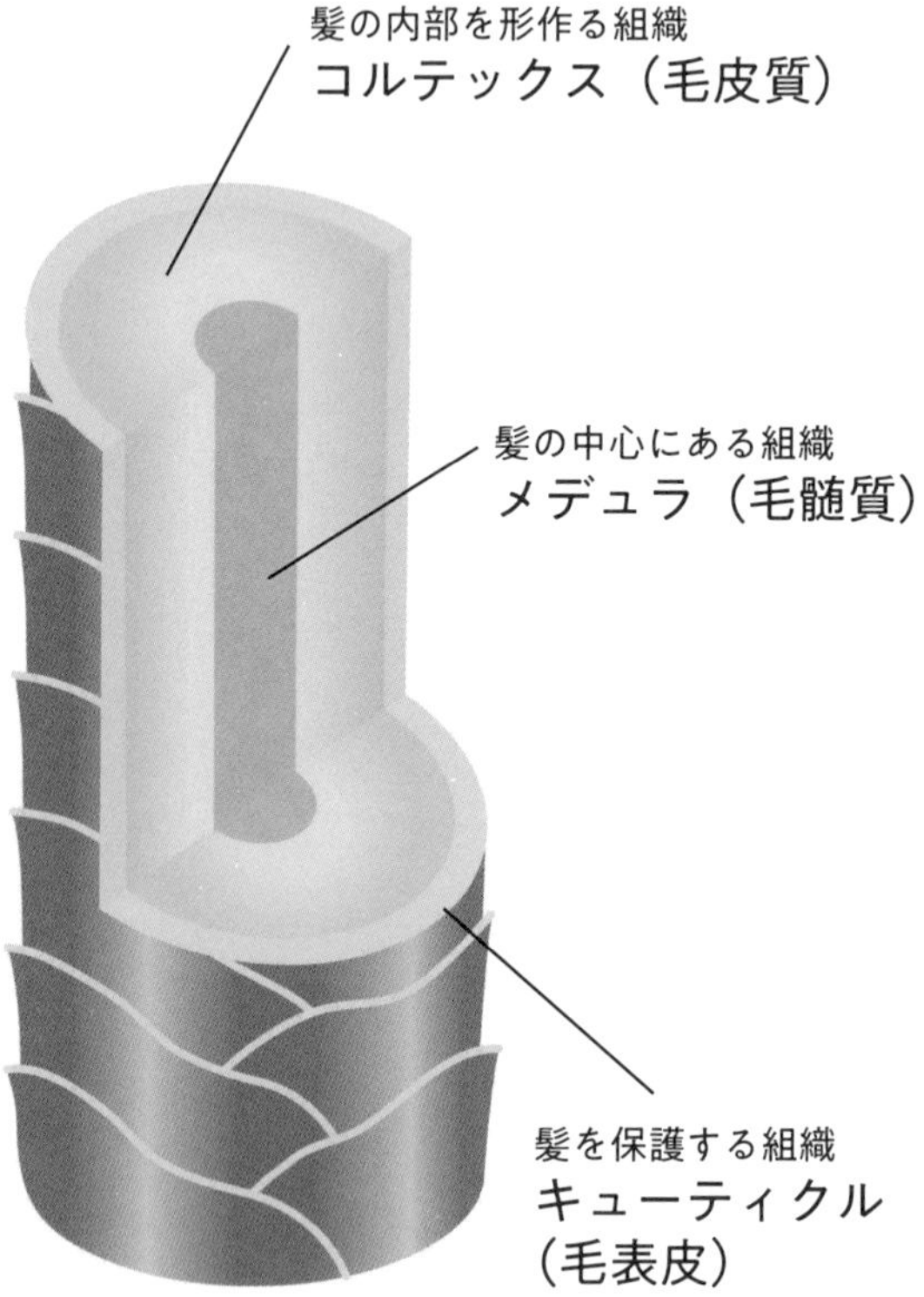

毛髪は大きく分けて３層構造になっていて、
ちょうどのり巻きのような形をしている。

なり、パサパサ乾燥してしまったり、枝毛や切れ毛が多くなったりしてしまいます。もちろん、シャンプーを使わなければそうした心配は必要ありません。キューティクルも破壊されることがなく、いつまでも天然のツヤ髪をキープできるというわけです。

石けんやシャンプーが日本で普及する前でも、日本女性はキレイな黒髪を保っていました。それは、キューティクルが健在で、髪の毛の内側をしっかり保護していたからです。

ヌルヌルしているのは、髪の毛が健康な証拠。

そう思えば、ヌルヌルしているのがありがたい、気持ち良いと思えてきませんか？

さぼった方がスキンケアはうまくいく

国民性なのでしょうか、日本人はまじめで几帳面な性格の人が多いようです。仕事も、家事も、すべてにおいて手を抜かない。頑固なまでにがんばりすぎる。そんなタイプの人が多いのではないでしょうか。

スキンケアについても同様です。

よく、女性誌などの企画に、「スキンケアをさぼると、取り返しのつかないことに！」など、怖い見出しが踊っていることがあります。見てみると、そこにはボロボロに肌荒れした無惨な写真が掲載されていて、「こんなふうになりたくない！　毎日、しっかりスキンケアをがんばらないと」と、恐怖心を煽るような記事もあります。

でも、本当にスキンケアをさぼったら、ボロボロの素肌になってしまうのでしょうか。

答えはノーです。

もし、スキンケアをさぼるとたちまち肌がボロボロになってしまうとしたら、相当、肌のダメージが重症である証拠。それは、スキンケアでなんとかすべき問題ではなく、すぐに皮膚科を受診した方が良いレベルです。

一般的に考えれば、少しくらいスキンケアをさぼった方が、肌は健康な状態をキープすることができます。要は、過保護にしてはいけない、ということです。

人間もそうですよね。過保護にして、「あれはダメ」「これもダメ」「あれをしろ」「これをしろ」と、すべてにおいてがんじがらめになっていれば、ひ弱で打たれ弱い人間に育ってしまいます。

肌もこれと同じで、スキンケアをがんばりすぎると、肌自身の生命力を奪ってしまうことになり、とても弱い肌になってしまいます。

もっと、自分の肌の力を信じてみましょう。

乾燥すれば、肌は自分で皮脂を分泌して潤いを作り出そうとしますし、ほこりやウイルス、細菌などの異物が侵入しようとしても、自分のバリアでしっかりとガードします。**地肌力は、「肌本来の生命力」といっても過言ではありません。あまり過保護にしては、肌本来の生命力は鍛えられる機会を失ってしまいます。**

さぼった方が、肌本来の生命力を鍛え、地肌力を高めることができるので、結果として、最高のスキンケアになるのです。

さぼった方が、スキンケアがうまくいくのには、もうひとつ理由があります。

それは、スキンケアではどうしても皮膚に摩擦を与えがちだからです。

きっと多くの人が、身に覚えがあるのではないかと思いますが、顔を洗う際にゴシゴシと力を込めて肌をこすっていませんか？

化粧水や保湿剤をつける時も、肌にしっかり浸透するように、手のひらや指などですり込んでいないでしょうか？　自分では、あまり力を入れていないつもりでも、無意識のうちに、力が込もっていることは少なくありません。特に、毎日行う日常的な行為は、何も考えずに行っていることが多いので、自分がどれくらい力を込めているか、判断が鈍りがちです。しかし、この「こする」という行為は、肌にとって大きなダメージを与えます。なぜかといえば、力を込めて皮膚をこすると、バリアが破壊されてしまうからです。
さらに摩擦は毛細血管を拡張させたり、色素沈着を生じさせたりすることもあります。毛細血管が拡張すれば赤ら顔になりますし、色素が沈着すればシミの原因にもなります
スキンケアだけでなく、塗り薬などを皮膚に塗布する時も、すり込むのはNGです。体を洗う際もボディタオルの使用は控え、自分の手のひらでさするように洗うと、肌のバリアを壊さずに済みます。

「毎日スキンケアしなきゃいけないのは、面倒だなあ」

「眠いから、スキンケアをせずにもう寝ちゃおうかな」

そういう日もあるでしょう。そんな時は、堂々とさぼりましょう。

もちろん、スキンケア3原則の「清潔」「保湿」「紫外線対策」は大切ですが、少なくとも、**紫外線対策として帽子をかぶったり、日傘をさしたりすれば、あとの「清潔」と「保湿」は適度にさぼっても大丈夫です。**

勇気を出して、ためしに3日間程度、顔を軽くぬるま水洗いする程度にとどめてみてください。3日後には、意外と問題なく過ごせていることに気がつき、そのまま継続すれば、これまでにないくらい、イキイキとしてみずみずしく、潤った肌が手に入るはずです。

スキンケアは目的ではなく肌を整える手段

毎日、スキンケアをがんばっている人は、ともすると、スキンケアそのものが目的になって、「スキンケアをがんばる」こと自体に、必死になっている場合があります。

しかし、そもそもスキンケアとはなんのために行うのでしょう？　もちろん、健康で美しい肌を手に入れるためですよね。

つまり、**「健康で美しい肌を手に入れる」のが目的であり、スキンケアは、その目的を達成するための手段なのです。**


しかし、手段を目的化してしまうことは、日常生活でもたびたび見られることです。

目的とは、実現したい姿を手に入れること、そして、手段とは、目的を達成するための道具や手立てのことです。そして、目的と手段はいつでもセットで動きますから、もし、目的があいまいだったり、コロコロ変わったりしたら、手段を決めることはできません。

反対に、手段だけが明確であっても、目的が定まっていなかったら、それはただロボットのように、なんの意味もなく同じ行為を反復しているだけにすぎません。

スキンケアの目的は、「健康で美しい肌を手に入れる」こと。それが、大前提です。

だとすれば、かえって肌にダメージを与えている間違ったスキンケアは、目的を達成するためのベストな手段ではありません。むしろ、いますぐやめなければならない行為です。


それでは、「健康で美しい肌を手に入れる」という目的を達成するために、どのような手段を取るべきでしょうか。


ひとつは、いま行っている誤ったスキンケアをただちにやめること。

そしてもうひとつは、正しいスキンケアを実践すること。

この2つが必要です。

「正しいスキンケア」とは何かと言えば、「地肌力を高めるためのスキンケア」「肌本来の生命力を引き出すスキンケア」となるでしょう。

地肌力が高ければ、肌は特別なケアをしなくても、自分の力で潤すことができますし、バリア機能をしっかり働かせることもできます。そのため、ほこりやウイルス、細菌などの異物にバリアを突破されることもありませんし、肌で炎症がくすぶり続けることもありません。

では、地肌力を高めるためには、どのようなスキンケアが必要でしょうか。

それは、**「整肌《せいき》」という考え方のスキンケア**です。

整肌とは、文字通り肌を整えるという考え方です。整った肌というのはターンオーバーが正常に行われている肌のことです。ターンオーバーさえ正常なら自動的に保湿され、バリア機能が保たれるのです。肌に必要な水分や油分を外から補うのではなく自動的に保湿される地肌力を手に入れ、肌の調子を整えることが大切なのです。

整肌という考えでスキンケアを行えば、肌は潤いに満ち、肌荒れやニキビなどのトラブルを起こさず、キメの細かい美しい肌でいることができます。肌は規則正しくターンオーバーをくり返し、シミやくすみなどの悩みを抱えることもありません。

それでは、「整肌」のためには、具体的にどんなスキンケアを行えば良いかというと、答えは簡単です。

スキンケアを「サボる」のです。

合成界面活性剤だらけの化粧品は、百害あって一利なしと言っても過言ではありません。それらを使っている限り、「整った肌」を手に入れることはできません。

私は皮膚科医として、「何もしない」ことが皮膚にとって一番良く、正論だと考えています。

しかし、「それはわかったけれど、なかなか実行できない」という人が多いのもわかります。自分の考えをすべての人に押しつけようとは考えていません。現在は多様性《ダイバーシティ》の時代ですから、あらゆる価値観は存在していますし、それを否定するつもりもありません。

意外と「サボる」ことは難しいものです。もともと根がまじめで、一度決めたことをとことん続ける」という国民性の日本人にとって、「がんばる」ことは得意でも、「サボる」ことは苦手かもしれません。

それなら発想を変えて、サボることを楽しんでみてはどうでしょうか。

実際、サボればサボるほどトクをします。誰でも、「トクをすること」は大好きなはずです。

たとえば私の場合、保湿クリームのふたを開け、水分と油分が分離しているのを見ると、「このクリームには界面活性剤が使われていないか、使われていたとしても微量なんだな」と思い、ニヤリとします。

また、シャンプー剤を使わずに洗髪している時に、髪の毛がヌルヌルしてくると、「天然の高級保湿クリームである皮脂膜が残っていてくれているのだな」と思い、シメシメと満足感を得られます。

こうしたことを何年も続けていますが、何の問題もないどころか、本来の地肌力を取り戻せていることに喜びを感じています。

いま、なんらかの肌トラブルに悩まされている人はもちろん、いまよりもっと健康な美肌をめざしたいと思っている人も、肌にとって本当に良い行動をとってほしい。そして、その行動を通して健康で美しい肌が手に入るということに、ぜひ、喜びを感じてもらいたいのです。

第4章

専門医でも見抜けない化粧品の安全性

化粧品トラブルを避けられないワケ

化粧品を使って、トラブルが起きたことがある人は、どれくらいいるのでしょうか？

美容情報サイト「LASELA」は、２０２２年4月、20～40代の女性１０３２名を対象に商品購入に関するアンケート調査を行いました。

それによると、「購入した美容商品で肌トラブルを経験したことがある」と答えた人は、全体の30・６％にものぼったそうです。

また、美容商品を購入する際に重要視するポイントが「ある」と回答した割合は92・５％で、重要視するポイントのトップ３は、「成分」「自分の肌質に合う」「使用感」だったということです。

成分や自分の肌質に合うかどうかなどをチェックしながら美容商品を購入したにもかかわらず、全体の約30％の女性がトラブルを経験しているのです。これは、チェックするポイントが誤っていた、あるいは、そもそもチェックすべき内容を知らない、ということが理由として挙げられるのではないでしょうか。

化粧品トラブルが起きるのは決してまれなことではありません。
私は、化粧品トラブルは、次のプロセスで起きると考えています。

1. ほぼすべての化粧品には合成界面活性剤が使われている。
2. 合成界面活性剤によって気づかないうちにバリアが障害されていく。
3. バリアが障害されると有害成分（化粧品成分やその他の外的成分）が、簡単に皮膚の内部へ侵入する。
4. 有害成分によって刺激を受けたりアレルギー反応を起こしたりする。
5. このトラブルの原因が化粧品に含まれる界面活性剤であることに気づいていない。
6. このトラブルを回避しようと他の化粧品に手を出す。

１〜６のプロセスを、何度もくり返している人は、とても多いと思います。**化粧品を使ってトラブルが起きると、ほぼすべての化粧品に界面活性剤が使われているにもかかわらず、そういった知識がないため、「他の化粧品に変えたら、トラブルが改善されるかもしれない」と、安易に考えてしまうのです。**

しかし、他の化粧品に変えたところで、そこでも合成界面活性剤が使われている可能性が高いので、結果的に、トラブルをくり返すだけになってしまいます。

こうして、肌トラブルは永遠にくり返され、ただ、化粧品会社だけが新しい顧客を獲得して喜んでいる、という構図です。


化粧品によるトラブルは、多くの場合、「接触皮膚炎」という炎症です。これは、特定の物質や成分が肌に触れることにより、接触した部分が赤く腫れたり、かゆみを生じたり、熱を持ったりするもの。ブツブツができたり、水ぶくれを起こしたり、じくじくしたりすることもあります。


怖いのは、接触皮膚炎が起きるかどうかは、使ってみないとわからないということです。化粧品を使い始めてすぐにトラブルが起きるケースもありますし、しばらく使い続けてから症状が出るケースもあります。特に、しばらく続けてから症状が出る場合は、化粧品が原因だということに、なかなか気づかないでしょう。

そして「もっとしっかりスキンケアをしなければ」と、これまで以上にケアを入念に行い、かえって悪化してしまった、というケースも少なくありません。

接触皮膚炎の症状があるのに、同じ化粧品をずっと使い続けていると、色素沈着が起きてシミになる場合もあります。

肌に良いと思って選んだ化粧品を使っていて、炎症やシミが起きてしまっては、元も子もありません。しかし、ほとんどすべての化粧品には、そうしたリスクが潜んでいるということを、まずは理解しておきましょう。

原則３年間腐ってはならないという化粧品のルール

食べものと同じように、化粧品にも使用期限があるのをご存じですか？　開封か、未開封かにもよりますが、**一般的な化粧品で未開封の場合、使用期限は３年間が目安です**。

しかし、食べものと違って化粧品には使用期限が明記されていません。その理由は、薬機法に「製造又は輸入後適切な保存条件のもとで３年以内に性状及び品質が変化するおそれのない化粧品は、使用期限を表示しなくても良い」と定められているからです。

つまり、３年以上品質を保つことができる商品は、製造年月日、使用期限を記載する必要がないため、現在では多くの化粧品が、３年以上もつように作られているのです。

化粧品にはロット番号が記載されており、メーカーは、そのロット番号を追うことで製造日や製造状況を確認することができますが、しかし一般の消費者には、その化粧品がいつ作られ、使用期限がいつであるのか、わかりません。
化粧品の使用期限など、まったく意識していなかった、という人も多いでしょう。そもそも記載されていないわけですから。

化粧品は、開封しても品質が変わらないものもありますが、一般的には開封後、3～6か月で使い切るのが良いと考えられています。なぜなら、化粧品の成分のほとんどは水で、放置しておくと不純物が混入したり、雑菌が繁殖したりするためです。開封したら、どんどん品質が劣化してしまうのは、止めることができません。

しかし、未開封だとなぜ3年間ももつ化粧品があるのでしょうか？
それは多くの場合、化粧品には**防腐剤**が使われているからです。

時々、化粧品に「パラベンフリー」と書かれているものがありますが、パラベンとは、防腐剤の一種です。実際、防腐剤にはさまざまな種類があり、パラベンだけが悪者のように扱われていますが、もっとたくさんの種類があります。

たとえば、安息香（ベンゾイン）、デヒドロ酢酸ナトリウム、ヒノキチオール、フェノキシエタノールは、よく用いられる防腐剤です。

未開封の化粧品の品質が３年間安定しているのは、これら防腐剤のおかげです。また、開封したあとの化粧品は、多くの場合常温で保管され、直接、手や指で触れますから、雑菌やカビが繁殖しやすくなっています。

本来なら化粧品はどんどん劣化し、腐敗してしまうはずですが、それらを止めるのも、防腐剤の役割。つまり、**化粧品を顔にたっぷりつけているということは、防腐剤も同時につけている**、ということなのです。

それでは、防腐剤を使っていることで、肌にどのような影響があるのでしょうか？

人によっては防腐剤が原因となって接触皮膚炎を発症することがあります。一応、厚生労働省が許容範囲として配合の分量を定めていますが、その範囲内であったとしても、人によっては発疹が出たり、皮膚がヒリヒリしたり、赤くなったりすることがあります。

また、**防腐剤が角質層を傷つけ、バリア機能を低下させることもあります**。それにより、異物の侵入を簡単に許したり、皮脂膜を形成できずにひどく乾燥したりします。

そうすると大抵の人は、「もっと保湿剤をつけなければ」と、界面活性剤入りのクリームやオイルをたっぷりつけるでしょう。そうなればもっと肌の状態は悪化してバリア機能が侵されるという、悪循環に陥ってしまうのです。

「パラベンフリー」と書かれた化粧品は、パラベン不使用という意味ですが、パラベン以外の防腐剤が使われていることが多く、よく用いられるのがアルコール（エタノール）などです。つまり、「パラベンフリー」だからといって、防腐剤が配合されていない、ということではありません。また、なかにはパラベンに限らず「防腐剤フリー」と書かれた化粧品もありますが、それらも、必ずしも防腐剤を使用していないわけではありません。

腐りやすい水をたくさん使った化粧品が、常温で数か月放置しても、まったく腐らないのはおかしいことです。数か月どころか、数年前の化粧品が使いかけでそのままになっていることもあると思いますが、それらでさえ、カビひとつ、生えていないでしょう。

本来、防腐剤が入っていない化粧品なら、少量の使い切りタイプになっているか、あるいは、使用期限が短く表示されているはずです。それでも、使用期限が書かれていないのであれば、なんらかの防腐剤が含まれていると考えて、間違いはありません。

化粧品は「足し算」で作られている

以前、化粧品メーカーの人と話した際に、こんな質問を投げかけたことがあります。

「どうして、化粧品にはこんなにたくさんの成分が使われているのですか？」

すると、メーカーの人はこう答えました。

「ユーザーの希望に応えていたら、あれも入れたい、これも入れたいとなって、結局、数がどんどん増えてしまいました。また、多くの成分を安定して配合するための緩衝剤も必要になり、結果的にすごい量の成分になってしまうのです」

50ページでお話しした通り、薬用化粧品を除き、化粧品は基本的にすべての成分名を表示することが義務づけられています。それらの成分を見たことがある人はわかると思いますが、驚くくらい、すごい数です。

カタカナで書かれた名前は良いものか悪いものか、まったく判断がつきませんし、ましてや英数字で書かれたものは、それがいったい何であるのか想像すらつきません。

それぞれの成分に、どのような効果や役割があるのかわかりませんし、皮膚刺激やアレルギーが起きる可能性がどれくらいあるかも、成分名を見ただけではわかりません。逐一、危険性や役割を調べることも困難です。

基本的に、化粧品の成分表示には、次のようなルールがあります。

1．すべての成分を記載する
2．配合量が多い順番に記載する（※4）（※5）
3．配合量が1％以下の成分は、記載順序が自由である
4．香料成分は複数の成分をまとめて香料と表示しても良い

※4　着色料は配合量に関係なく末尾に記載する
※5　医薬部外品は配合量に関係なく強調したい有効成分を先に記載することができる

これらのルールに則って、化粧品に使われる全成分は、製品パッケージまたは製品本体に表示されることが義務づけられています。

それから、簡単に化粧品の構造も理解しておきましょう。基本的に、化粧品は図10のような構造で成り立っています。

化粧品の70～100％を占めるのは、ベース成分です。これは、水性成分、油性成分、界面活性剤、顔料・粉体のいずれかあるいは複数で成り立っていて、文字通り、化粧品のベースの役割を担っています。

ここに追加されるのが機能性成分、感覚性成分、安定化成分で、これらは0～30％を占

図12　化粧品の構造

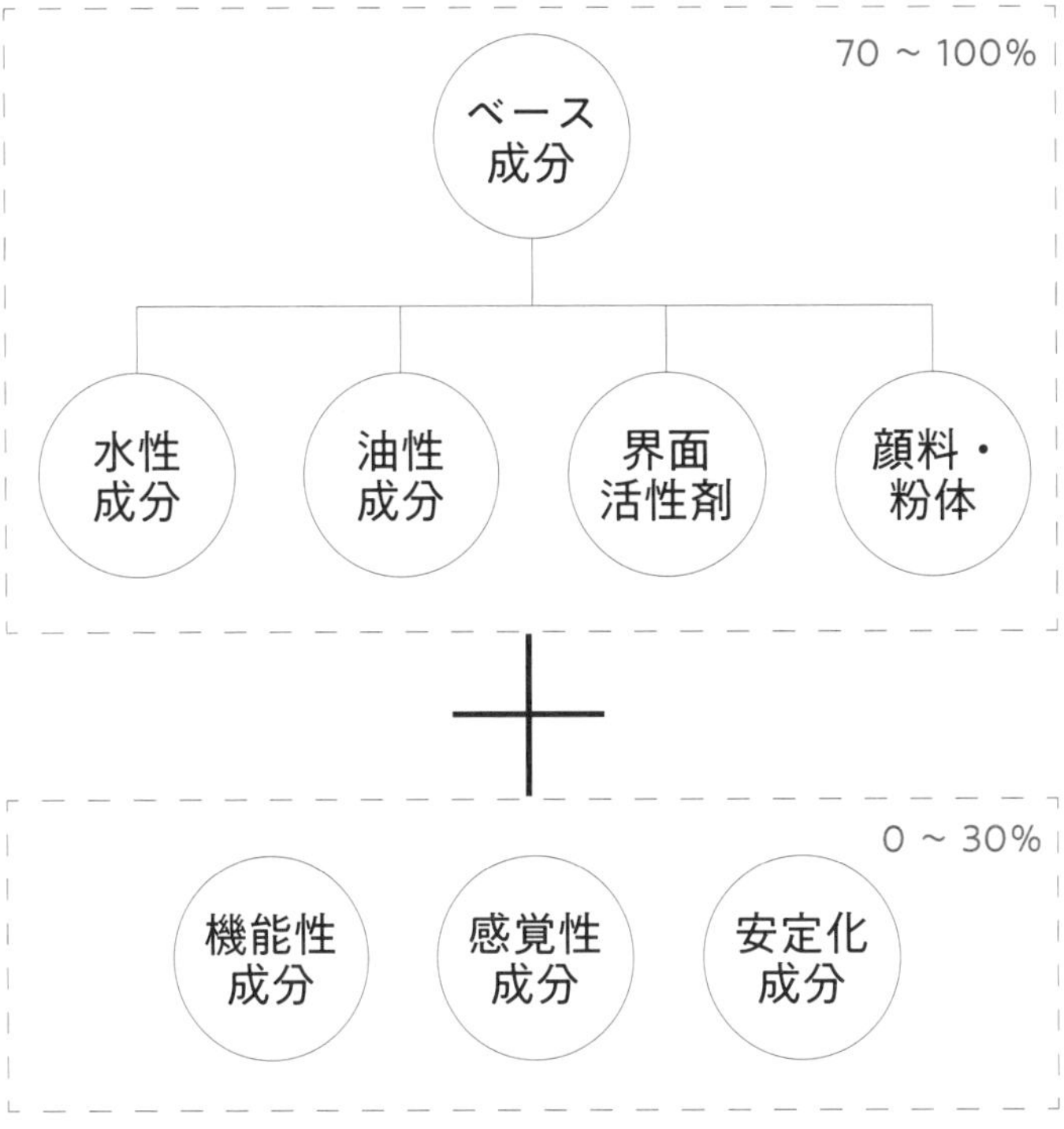

参考：化粧品成分オンライン

化粧品は、70 ～ 100%がベース成分で、残りの0 ～ 30%が機能性成分、感覚性成分、安定化成分となっている。

めています（図12）。

機能性成分とは美白、抗老化、抗炎症、抗酸化、細胞賦活、紫外線防御などを付加する成分のこと、感覚性成分とは着色、香り、温感、使用感などを付加する成分のこと、安定化成分とは、防腐、pH調整、粘度調整など安全性や品質を高めるための成分であり、いってみれば、これらがその化粧品の価値や特性を決定しています。

日本の化粧品の場合、ベース成分に加えられる機能性成分や感覚性成分が特に重要で、その内容によって、ファンがつく、つかないが決定します。たとえば、美白やアンチエイジング効果を求める人は、機能性成分を重視するでしょうし、さらに、「使ったあと、肌がしっとりする感じ」を求める人は、感覚性成分も重視しながら化粧品を選びます。

つまり、日本で人気に火がつくには、どれだけたくさん「機能性成分」「感覚性成分」を持っているかが大事であり、その化粧品がコアとするターゲット層のニーズをいかに的確にとらえるかが、重要になってくるのです。

もともと、日本人は「オマケ」が大好きな国民性です。雑誌の付録も年々豪華になっていて、「こんなに良いものがオマケでもらえるなんて！」と、購入者を満足させることで、読者層を広げています。

化粧品もこれと同じで、「1本のなかに5つの効果」とか、「これさえ使えば毎日のスキンケアはバッチリ」とか、ひとつの製品のなかに複数の効果を秘めた化粧品、いわゆる「オールインワン」タイプが、人気が出やすい傾向にあります。

そうした流れから化粧品に含まれる成分はどんどん増えていき、冒頭で書いたように、「ユーザーの声に応えていたら、どんどん成分が増えてしまった」ということになったのでしょう。

しかし、果たして本当にたくさんの成分を含んだ化粧品は、品質も優れているのでしょうか？

実際、そんなことはありません。「シンプルイズベスト」ではありませんが、**ひとつの効果に特化したものの方が、その効果がしっかり発揮されますし、いくつも成分を詰め込んだところで、ひとつひとつの効果は薄れてしまい、期待した効果が得られないことも少なくありません。**

料理でも同じですよね。「なかなか味が決まらない」といって、あれこれ調味料を足していくと、結局、ドツボにはまってしまい、ますますよくわからない味になりがちです。

そうではなく、むしろ塩なら塩だけ、など、ひとつの味に特化した方が、特徴が際立って、輪郭がしっかりした味つけになるものです。

さらに化粧品の場合、**成分をたくさん加えれば加えるほど、その成分を化粧品の中に混ぜ込むために、合成界面活性剤が必要になってきます。**

いま、手元にある化粧品を見てみましょう。成分がたくさん書かれていませんか？　すなわち、それと同じくらい合成界面活性剤が使われているということかもしれません。

化粧品を使うのなら、効果も成分もシンプルなのが一番。これが、化粧品を選ぶ際の鉄則です。

技術者の経験と勘だけで発展してきた化粧品

「化粧品」とひと口にいっても、その内容はさまざまです。化粧水と範囲を狭めても、化粧水のなかには何千、いや、何万通りもの処方がありますし、効能だけ考えても、「美白」「アンチエイジング」「保湿」など無数にあります。

こういった化粧品は、技術者の経験と勘を頼りに、発展を重ねてきました。つまり、この科学の時代にあって、技術者の経験と感性に裏打ちされた直感を足掛かりに、非常にアナログなスタイルで発展してきたのです。

化粧品だけに限らず、美容に関する製品やサービスは、人の感性に訴えることをとても大切にしています。パッケージのデザインにしても、香りや使い心地にしても、また、その製品をＰＲする芸能人の見た目や雰囲気にしても、すべて、理屈を抜きにして、「あ、なんか良いかも」と、消費者に感じさせることを、とても大切にしています。

もちろん、ターゲットを明確にしたり、商品のコンセプトや目的をはっきりさせたり、予算や販売ルートを定めてそれに適したマーケティングを考えたりするのは大切です。

しかし、どれだけ綿密に計画を立てても、肝心の製品が人の感性に訴えかけるものでなければ、多くの人はきっと手に取ることすらないでしょう。

「技術者の経験と勘を頼りに化粧品が発展してきた」ということは、裏を返せば、商品を開発するプロセスでは、理屈が後づけで追いかけているということです。

そもそも化粧品は、誰が、どのように作っているのか、ご存じですか？

ほとんどの人が知っているような大手化粧品メーカーは、多くの場合、「化粧品の販売元」で、必ずしも化粧品を製造しているわけではありません。

自前で工場を持ち、研究者を抱えて、製造から販売まで一貫して担当している大手の化粧品メーカーもありますが、それは本当にごく一部。

ほとんどの場合、「化粧品を作る会社」と「販売する会社」は別です。もっと言えば、化粧品に含まれるさまざまな成分（ビタミンCやコラーゲン、ヒアルロン酸など）を製造する会社も、また別にあります。

つまり、無数の会社が手がけた製品が「化粧品」というひとつのパッケージになり、化粧品会社に届けられ、ようやく、製品として発売されるということです。

化粧品に含まれる成分を作る人たちは、言ってみれば職人のようなもの。コラーゲンにとても詳しい職人もいれば、ヒアルロン酸に詳しい職人もいます。

そして、それらの製品を集めて調合し、化粧品に仕立てるのは、化粧品メーカーで企画や開発に携わる人たち。企画や開発に携わる人たちは、「化粧品を売って利益を上げることが仕事」というメーカーの人間ですから、「どういった化粧品が女性にヒットし、人気が出るか」という知識に長けています。

つまり、化粧品が誕生するプロセスでは、まず、技術者の経験を頼りにして新しい成分が開発され、そして、メーカーの企画や開発に携わる人たちの直感やひらめきを頼りにして、新商品が誕生しているのです。

安全性が高く、効能もバッチリという優れた成分が開発されたとしても、それが企画や開発に携わるメーカーの人たちのお眼鏡にかなわなかったら、製品になることはありません。

なぜなら化粧品は、「キレイになりたい」という夢をかなえる道具であり、「キレイ」「美しい」「気持ち良い」「かわいい」など、理屈を上回る直感や感性に訴えかけなければ、決して手に取ってもらえることはないからです。

化粧品業界と皮膚科は仲が悪かった

このように、化粧品業界は「技術者の経験と勘を頼りに発展してきた」という特徴を持ちますが、その一方、皮膚科医は皮膚という臓器を扱う領域で、化粧品業界と同じく健康や美容に関わっています。

皮膚科医は国家資格である医師免許を取得した専門職ですし、科学をベースに、再現性の高い医療を提供する、皮膚のエキスパートです。病気や症状ごとに標準的な治療法が定められており、何よりも再現性が重視されています。つまり、どの医師が治療しても、同じ結果を出すことができることが、医療においてはとても大切なのです。

経験と勘を拠り所に、「売れる」製品を作り続ける化粧品業界。

科学を根拠（エビデンス）に、再現性を重視する皮膚科医。

当然ながら、両者の立場はまったくの逆であり、かつて、お互いの仲はあまり好ましいものではありませんでした。

実際、皮膚科医のところに、「化粧品で肌が荒れた」など、化粧品による皮膚トラブルを抱えた患者が駆け込んでくることは、少なくありません。

「ほら、科学的根拠のない化粧品を使うから、肌が荒れてしまうのだ」

正直なところ、いまだにそう考える皮膚科医もいますから、化粧品会社と皮膚科医の仲が悪くなるのは当然のことなのかもしれません。


現在では、「ドクターズコスメ」と呼ばれるものも数多く開発されており、医師と化粧品業界が歩み寄り、協働で本当に肌に良い製品開発に取り組むケースも多くあります。そのため、以前に比べて化粧品業界と皮膚科医の仲は、それほど悪くないように思います。

特に、近年では研究が進み、**「化粧も正しく行えば皮膚にとって良い働きをする」**ということが明らかになっています。

その一例が、日焼け止めについての研究です。

一般的に、日光を長く浴び続けることで、皮膚にシミやシワができたり、たるんだり、老化現象が引き起こされます。これを「光老化」といいますが、近年、光老化研究と角質層研究が進歩したことにより、**日焼け止め（サンスクリーン剤）が光老化を予防できる**ことが明らかになりました。

また、きちんと保湿をすれば、皮膚のバリア機能が高まるということも、科学的に実証されています。

このように、かつてはビジネスであった香粧品（化粧目的の医薬部外品と化粧品の総称）研究もいまや科学となっており、皮膚科学と化粧品学はボーダーレスの状況になりつつあります。

とはいえ、いまだに科学を取り入れず、昔ながらの「経験と勘」を拠り所にして化粧品作りをしている企業も少なくありません。先ほどお話しした通り、日焼け止めが光老化を予防できることは研究により明らかになっていますが、通常日焼け止めには合成界面活性剤がたっぷりと含まれていることが多く、そうなると、「光老化は予防するが、肌のバリア機能を破壊して、皮膚にダメージを与える」ということになってしまいます。

「日焼けは防ぎたいけれど、日焼け止めは使えない。いったいどうすれば良いの！」

そう、嘆きたくなる人も多いでしょう。

実際のところ、日焼け止めには合成界面活性剤の他、肌にダメージを与えるリスクの高い成分が含まれていることが多く、その筆頭が、「紫外線吸収剤」です。

紫外線吸収剤は、その名の通り紫外線を吸収し、化学反応を起こすことによって熱などのエネルギーに変換することで、紫外線が皮膚まで到達するのを防ぎます。

紫外線吸収剤のひとつ「オキシベンゾン」は、アレルギーを引き起こす可能性のある成分であることがわかり、表示指定成分となりました。

他にも紫外線吸収剤には「サリチル酸オクチル」「ホモサレート」などの成分があり、確かに紫外線をブロックする効果は高いのですが、紫外線を吸収して熱エネルギーに変換する際に、肌にチクチクした刺激を感じたり、赤みや湿疹が現れたりする場合もあります。さらにひどいと、体のタンパク質と結びついてアレルギーを引き起こす可能性もあります。

このように、「日焼け止めで光老化を防ぐ」と安易に考え、無分別に日焼け止めを選ぶのは誤りです。

それでも多くの皮膚科医は、「日焼け止めを使って光老化を防ぎなさい」としか患者に言わず、どういうものをどうやって選ぶかということまでは、なかなか指示をしません。それは、彼らが「日焼け止めについてさほど詳しく知らない」からか、あるいは、「あまり興味がない」からです。中には「紫外線吸収剤よりは紫外線散乱剤の方が、安全性が高いですよ」とアドバイスしたり、ライフスタイルに応じたＳＰＦやＰＡの選び方、塗る量や頻度、塗り方まで丁寧に教えてくれる皮膚科医もいるとは思いますが……。

医師は、病気には関心が高いのですが、健康な状態にはあまり興味がありません。そのため、健康な人がどういう日焼け止めを選ぶべきかということについては、あまり興味を示さないのです。

そうすると、結局一般の人たちは何を基準に選ぶかというと、イメージや使い心地、香り、ＣＭなどを参考に「なんとなく良さそう」という感じで、日焼け止めを選びます。意識が高い人は、ＳＰＦやＰＡなどの指標を参考にするかもしれませんが、配合されている合成界面活性剤をはじめとした刺激物質までは、なかなか考えが及ばないのではないでしょうか。

結局、イメージや直感で製品を選んでいるということで、やはり、いまだに化粧品業界の術中にハマってしまっているのです。これには、皮膚科医自身の関心の低さも影響していると考えますので、この本を読んだ先生方にはぜひ、いますぐにでも関心を持ってもらいたいと願っています。

正常なターンオーバーで美肌作り

美しい肌でいるためには、当然ながら合成界面活性剤の入った化粧品を使用するのをやめることです。

それからもうひとつ、**肌のターンオーバーを阻害しないことも大切です。**

これらは、バリア機能を正常に保つためにも大事なことです。

ターンオーバーを乱さないためには、次の3点に注意しましょう。

1．低湿度

湿度が下がりすぎると、顆粒細胞の層板顆粒に由来する蛋白分解酵素の働きが悪くなり、角質細胞同士を接着しているコルネオデスモゾームが分解されず、角質細胞が剥がれるべき時に剥がれない。そのため、角質が肥厚する。

2．冷え

血行不良によってターンオーバーが遅れる。

3．強い紫外線

炎症により、ターンオーバーが過度に促進される。

その他にも、偏った食事や生活習慣の乱れ、ストレス、運動不足、喫煙や飲酒、そして加齢も原因になります。

それからもちろん、合成界面活性剤の使用は、皮膚のバリア機能を破壊するので、結果的にターンオーバーの乱れにつながります。

また、ゴシゴシとこすり洗いをしたり、１日に何度も洗顔をしたりすると、そのたびに肌に摩擦刺激を与えることになり、肌のバリア機能を障害し、乾燥させますから、避けなければなりません。

ターンオーバーが乱れれば、保湿も、肌バリアを正常に保つことも、ままなりません。

第5章
肌をよみがえらせる
「リペアリングキャンプ」

「コラーゲン配合」に惑わされないで

いよいよこの章では、本当に肌をキレイによみがえらせる「リペアリングキャンプ」の方法を紹介していきます。

リペアリングキャンプは、世の中によくある「これさえ使えば一瞬で解決！」というような魔法の化粧品を勧めるものではありません。あなた自身が、自分の認識と行動を変えることで地肌力を高め、刺激に負けない本当に健康で美しい肌を育てていく方法です。

リペアリングキャンプを成功させるために、いま一度、肌の図13を見ておきましょう。

健康で地肌力がある肌では、表皮でターンオーバーが正常な周期で行われています。

表皮の下の真皮は、皮膚の本体とも言える大事な部分です。「コラーゲン」という線維状のタンパク質が大部分を占め、その隙間をゼリー状のヒアルロン酸などが満たしています。また、「エラスチン」という線維状のタンパク質も加わって弾力のある肌を作り出しています。

その下にある皮下組織は、多くの脂肪を含み、エネルギーを蓄えたり、その特性から断

図13　皮膚の構造

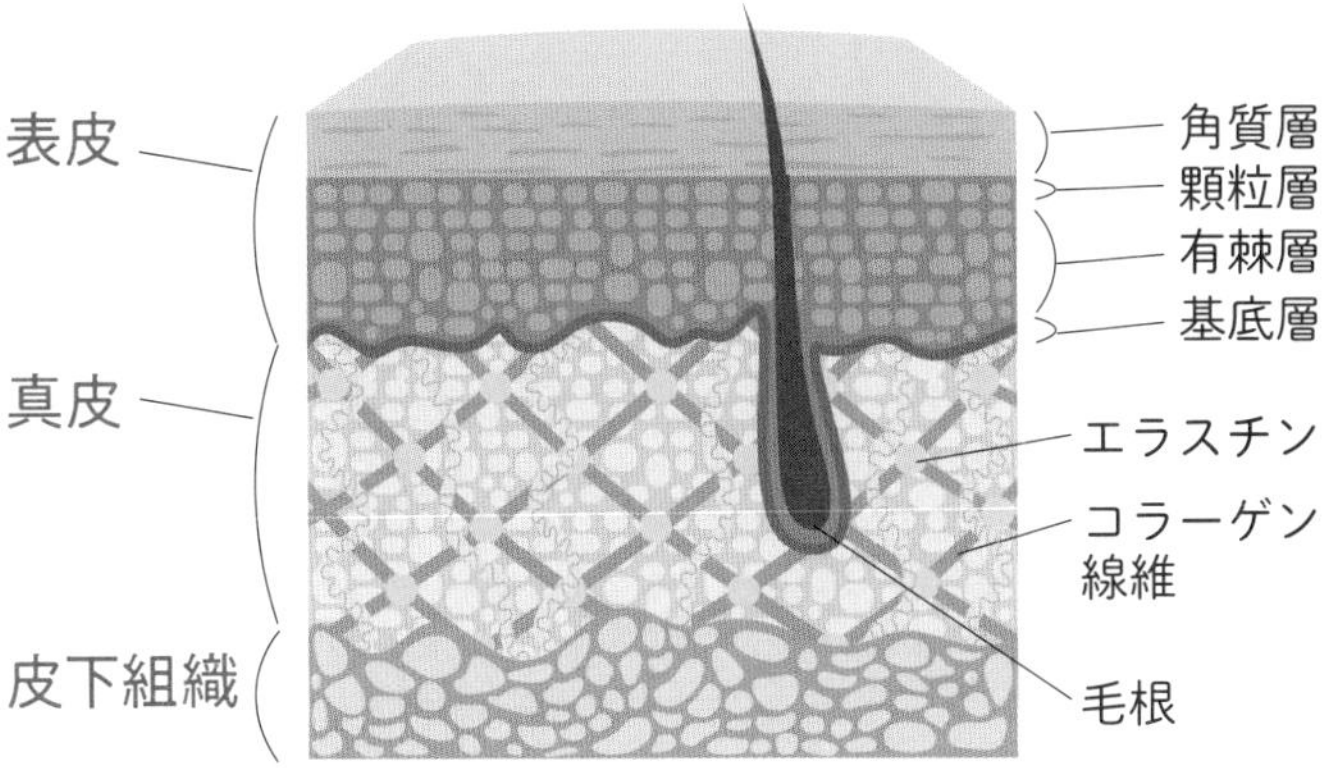

表層から順に、「表皮」「真皮」「皮下組織」
の３層構成になっている。

ていますの働きをしたり、外部からの刺激や衝撃をやわらげるクッションの役割も果たしています。

全体を俯瞰してみると、いろいろなことが見えてきます。たとえば、「コラーゲン配合」と謳った化粧品がありますが、コラーゲンが存在するのは、表皮の下にある真皮です。ここまで浸透させるのは容易ではありません。

加えて、コラーゲンは分子量が大きいので、肌に直接塗ったとしても、届くのはせいぜい角質層まで。そのため、**コラーゲン配合の化粧品をつけても、真皮に含まれているコラーゲンを直接増やすことはできません。**

「でもコラーゲン配合の化粧品を使うと、肌がすべすべに潤う気がするんです」

そう言う人も多いと思いますが、それはコラーゲンの持つ保湿効果が皮膚の表面で発揮されているだけで、真皮にまで届いているわけではありません。しかし、コラーゲン配合と聞くと、コラーゲンが体の奥まで浸透して肌のハリや弾力を取り戻してくれるような気がします。肌の仕組みを知ると、これらが巧妙な謳い文句であることがわかりますよね。

肌は何もしなくても自動的に保湿される

表皮のターンオーバーを正常に働かせるには、肌を乾燥させないことです。

「ほら、やっぱり保湿が大事。保湿剤に頼るしかないじゃない」

そう思う人もいると思いますが、そもそも人間には本来、体の機能として①皮脂膜、②天然保湿因子、③角質細胞間脂質という３つの潤い因子が備わっています。

ですから、**あえて保湿剤をつける必要などありません。保湿剤はむしろ、含まれている合成界面活性剤で肌のバリア機能を壊し、どんどん水分を蒸発させてしまいます。**

また、合成界面活性剤以外に地肌力を衰えさせる要因に、過剰な保湿があります。

超敏感肌のカバのように、水浸しの状態が続くと肌は自分で保湿しなくて良いんだと、当然のようにサボり出すのです。

それを解消するにはどうしたら良いのか？　それは、**肌を甘やかさないこと。つまり、外部から水分をたっぷり取り入れるなど、肌を過保護にしないこと、仕事を与えてあげることが大切なのです。**

３つの保湿因子などの潤い成分が減っているから、保湿剤が必要になるのです。もし、３

つの保湿因子がきちんと保たれていれば、スキンケアは特に必要ありません。

そう言うと、「本当に必要ないのですか？　肌がカサカサに乾燥したりしませんか？」と、不安になる人も多くいると思います。

でも大丈夫です。自分の「潤う力」を信じて、その働きに任せてみてください。

特に、皮脂膜は洗顔料を使って洗顔をすると、溶けて流れてしまいます。洗顔料を使って顔を洗ったあと、化粧水など何もつけずにいると、なんとなく肌がつっぱった感じがしますよね。これは、皮脂膜が流れてしまった証拠です。

しかししばらくすると、再び、肌がしっとりしてきます。なぜなら、皮脂や汗は常に分泌されているので、再び、潤いで満たされるからです。

こうして、**皮膚に必要な潤いを、自力で維持することができます。まずは、その力を信じること。そして、決して過保護にしないこと。**

人間のみならず、すべての生物において「使わない機能は衰える」というのは真理です。「潤う力」を使わなければ、その力も衰えてしまって、自力で皮脂膜や天然保湿因子、角質細胞間脂質などを作り出すことができない肌になってしまいます。

そうなったら、図14のように、ずっと、保湿剤のお世話になるしかありません。洗顔のあとなど、何もつけなければ延々と乾燥状態が続きますし、乾燥状態が続けば肌本来が持

図14　保湿剤がやめられなくなる肌と自力で潤う肌

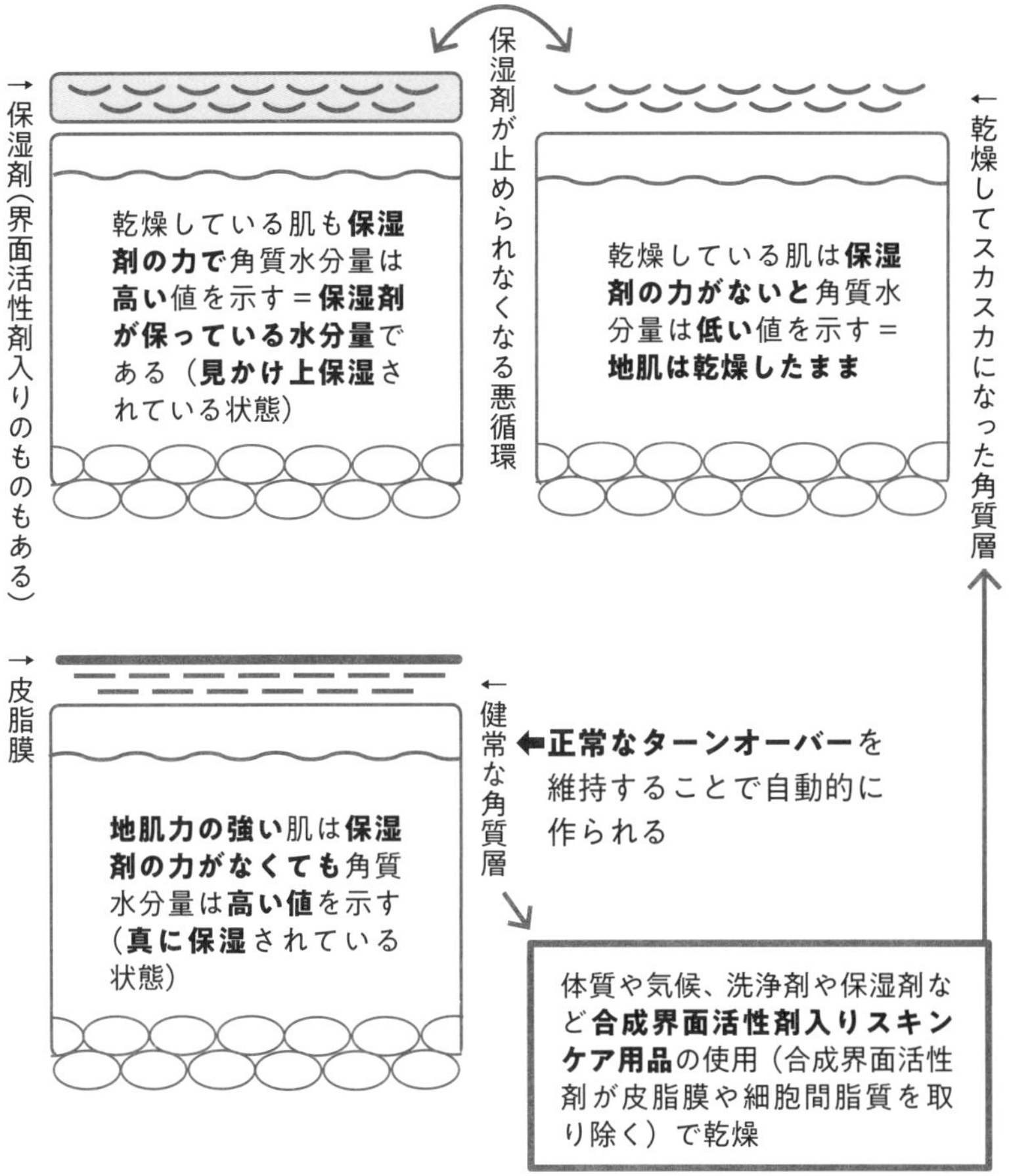
保湿剤（界面活性剤入りのものもある）
乾燥している肌も保湿剤の力で角質水分量は高い値を示す＝保湿剤が保っている水分量である（見かけ上保湿されている状態）
保湿剤が止められなくなる悪循環
乾燥している肌は保湿剤の力がないと角質水分量は低い値を示す＝地肌は乾燥したまま
乾燥してスカスカになった角質層
皮脂膜
地肌力の強い肌は保湿剤の力がなくても角質水分量は高い値を示す（真に保湿されている状態）
健常な角質層
正常なターンオーバーを維持することで自動的に作られる
体質や気候、洗浄剤や保湿剤など合成界面活性剤入りスキンケア用品の使用（合成界面活性剤が皮脂膜や細胞間脂質を取り除く）で乾燥

っているバリア機能はますます衰えてしまいます。

そのカサカサな状態に負けて、保湿剤を使ってしまえば、保湿剤に含まれる合成界面活性剤でさらにバリア機能が壊されて、ますますカサカサな状態に……。

こうしたエンドレスのループから抜け出すには、まず、自分が持っている「潤う力」を信じることが必要です。

バリア機能を高める肌の番人「常在菌」の整え方

腸にたくさんの細菌がいるように、肌にも無数の菌が存在しています。95ページでお話しした通り、肌には皮膚表面や毛穴の中に、数百億個の常在菌が生息しています。どんな働きをしているのか、もう少し詳しく見てみましょう。

腸内細菌に善玉菌と悪玉菌がいるように、肌にも良い菌と悪い菌がいます。

良い菌は「美肌菌」とも呼ばれ、美肌を作るうえで重要な働きをしています。

美肌菌の代表的な存在が、表皮ブドウ球菌で、グリセリンや脂肪酸を増やす働きがあります。脂肪酸やグリセリンは脂の一種で、これらが皮膚の表面を覆うことで、肌から水分が蒸発するのを防ぎ、肌をしっとり適度に潤わせます。さらに、肌に悪影響を及ぼす黄色ブドウ球菌などを退治する力もあり、肌の健康を守っています。

その他にも、アクネ（ニキビ）菌など日和見《ひよりみ》的に善玉菌になる菌もいますが、総じて、次のような役割を担っています。

・肌のpHを弱酸性に保つ
・潤い成分を増やす
・肌荒れの原因となる悪玉菌の増殖を防ぐ

これらの作用によって、善玉菌は肌のバリア機能を保っています。

美肌菌が多い肌とは、いったいどんな肌でしょうか？

特徴として挙げられるのは、まず、十分に潤っているということです。美肌菌は潤い成分を増やすため、肌の水分量が多く、みずみずしいことがわかっています。逆を言えば、乾燥が気になる人は美肌菌が少ないということかもしれません。乾燥が進めば、肌バリアが障害され、さまざまな肌トラブルを引き起こします。

美肌菌が多いか少ないかは、肌の水分量を見ればだいたい予測がつくので、まずは自分の肌に触れてチェックしてみましょう。

また、**美肌菌が多い肌は赤みが出にくいとも言われています。**なぜなら、美肌菌が少ないと、肌のバリア機能が壊されて細菌やウイルスなどが侵入し、肌内部で炎症が起こるからです。肌がダメージを受けると毛細血管が拡張するため、これによって肌に赤みが出ることもあります。

肌に赤みが出ていたら、美肌菌が少ない証拠。そのまま肌トラブルが解消されなければ、毛細血管が拡張したままになり、赤みが常態化してしまうので気をつけましょう。

美肌菌が多い肌はバリア機能が高く、ダメージを受けにくいという特徴があります。細菌、ウイルスなどの侵入を防ぎ、いつも健康で艶やかです。

反対に、常在菌のバランスが崩れて美肌菌が減って悪玉菌が増えていると、ちょっとした外的刺激でダメージを受けがち。保護機能が衰えているので、なかなかダメージも回復しません。

では、どうやってこれらの美肌菌を整えれば良いのでしょうか。ここでは、特に大事なことを３つ、紹介します。

1．合成界面活性剤の入った洗顔は×

まずは洗顔を見直しましょう。洗浄力が強い合成界面活性剤の入った洗顔料は、汚れだけでなく美肌菌も洗い流してしまいます。

また、界面活性剤は直接的・間接的に菌を殺してしまいます。菌（の細胞膜）を破壊したり、表面を覆ったりして殺菌してしまいますし、また、皮脂など菌の栄養を減らして菌を餓死させてしまいます。

せっかく、肌に良い働きをしてくれる美肌菌を洗顔で洗い流してしまうのは、まったくのナンセンスです。美肌菌を育てるためにも、まず、合成界面活性剤の入った洗顔料を使うのは控えましょう。

2．回数の多すぎる洗顔や、ゴシゴシ洗いは×

１日に何度も洗顔をしたり、ゴシゴシこすり洗いをしたりすることも、美肌菌を減らしてしまう原因に。また、熱いお湯での洗顔は、大事な皮脂を溶かし出して乾燥を招き、美肌菌の生育を阻みますし、肌にとって刺激になるので、ぬるま水でやさしく洗顔するように意識しましょう。

3. 必要以上のメイクは×

必要以上に化粧をすることも、できれば避けた方がベターです。なぜなら、メイクをすることで雑菌が繁殖しやすい環境を作ってしまいますし、また、メイクをする時、肌に対して過剰な刺激を与えてしまうからです。

さらに、メイクをすれば必ずクレンジングを使うことになりますが、そのクレンジングには、合成界面活性剤が使われているケースがほとんどです。つまり、メイクをしたり落としたりする行為をくり返すことで、美肌菌が育ちにくい環境を作ってしまうのです。

「洗顔もダメ、メイクもダメなんて、化粧をする楽しみがなくなってしまう！」

そう思う人も多いかもしれません。しかし、そんなことはありません。**特別な日（デートやイベントなど）には、もちろん、メイクを楽しんでも良いのです。**その日はもちろんクレンジングをすることになるでしょうし、いつもよりしっかり洗顔をすることになるかもしれません。

たまには、そういう日があっても構いませんが、それが毎日となると話は別です。美味しいケーキも、毎日食べたらあっという間に太ってしまいますし、やがて依存症になってしまうかもしれません。

メイクもこれと同じこと。たまにすることでメリハリをつけ気分を上げてみてはいかがでしょう。メイクアップは「時々」のお楽しみに残しておいて、普段は地肌力を鍛えることにがんばってみるのも良いのではないでしょうか。

アトピー性皮膚炎も正しいターンオーバーで解消される

皮膚の常在菌を健康的なバランスで保ち、美肌菌を育てるには、ターンオーバーを正しいリズムでくり返すことが大事です。なぜなら、皮膚の上では増えすぎたり、古くなったりした常在菌が絶えず溜まっているため、日常のターンオーバーでそれらをしっかり落とし、皮膚を新鮮な状態に保つことが、常在菌の活性化につながるからです。

しかし、ターンオーバーを規則正しくくり返すのは、なかなか難しいものです。**実際のところ、ほぼすべての肌トラブルは肌のターンオーバーが乱れてしまうことで起きています。**

私は、こうした**ターンオーバーの異常がアトピー性皮膚炎でも起きている**と考えています。

一般に、多くの皮膚科医が「アトピー性皮膚炎では、体質的な乾燥肌に加え、皮膚の炎症によってバリア障害が起こっている」と考えていますが、私はこの考えにひとつプロセスを加え、「**炎症によって皮膚のターンオーバーが乱れ**、そのため、バリア障害が起こっている」と考えています。皮膚は、炎症が起きると早くそれを鎮火しようとしてターンオーバーを加速します。すると当然、未熟な角化細胞が角質層の表層へ上がってくる（皮膚科用語でいう「不全角化」が起こる）わけですから、バリア機能はうまく機能しません。これが、アトピー性皮膚炎におけるバリア障害の一因だと考えられるのです。

一般に、「アトピー性皮膚炎では保湿が大事」と考えられていますが、私が、保湿をするよりもまず、炎症を抑えることの方が大事だと考える理由はここにあります。

アトピー性皮膚炎だけでなく、ニキビも同じです。

実は、ニキビのもととなる毛穴のつまりも角化の異常で起きています。ということは、**皮膚のターンオーバーを整えさえすれば、皮膚の乾燥だけでなくアトピー性皮膚炎やニキビなど多くの肌トラブルが解消されるのではないでしょうか？**

そのために大切なのは、外から保湿成分を補うことではありません。そうではなく、自ら保湿される地肌力を損なう行為をやめて、炎症を鎮めることです。
まずは、合成界面活性剤の使用を止めること。そして、炎症があるのなら、ステロイド外用剤を用いてでも、まずはいま起こっている炎症を抑えること。これが、美肌の土台を作るために必要なのです。

ターンオーバーを整えて肌の透明感やツヤを取り戻す

美肌を説明する表現として、よく、「キメが整っている」という言葉を使いますよね。では、キメとは何のことか、ご存じでしょうか？

キメとは、肌表面に刻み込まれた細かな凸凹のことを言います。なめらかに見える肌にも、実は細かな凹凸があって、健康で美しい肌のキメは、規則的な三角形になっています。

よく、デパートなどの化粧品売り場のカウンターで、「肌の表面を見てみましょう」とかって、サービスで肌診断をしているところがあります。これは、主に肌のキメを見ることで、肌の状態を観察しているのです。

細かく説明すると、盛り上がったような凸部分を皮丘、凹んだ部分を皮溝といいます。

健康的で美しい肌は、皮丘と皮溝が規則正しく整列していて、三角形の網目が整然と張り巡らされています。三角形の網目のことを、皮紋あるいはキメと呼んでいます。

そして、キメは細かければ細かいほど肌が美しく見えます。見た目はなめらかでツヤがあり、化粧ノリも抜群。触れると、ふわふわとソフトな感触がするのが特徴です。実年齢より肌が若く見えることもあり、余計な化粧をしなくても、いつでも地肌の美しさが際立ちます。

キメの細かさはダイヤモンドのカットを想像するとわかりやすいと思います。ダイヤモンドはカットが美しいと、光をキレイに反射してまぶしいばかりの輝きを放ちますよね。キメもこれと同じこと。つまり、キメが細かい肌は、肌に当たった光がキレイに反射して、ちょうどソフトフォーカスがかかったように、明るくふわっと映るのです。

反対に、キメが粗い肌は、皮紋が不規則に並んでいて、その形もバラバラです。皮丘には弾力性がありませんし、本来なら浅くて細い皮溝が、深く太くなっています。

肌の潤いやハリは感じられませんし、触ると「ざらざら」「カサカサ」とした触感がありますす。もちろん、化粧ノリは悪く、肌の色もくすみがち。実年齢より、老けて見えることが大半です。

キメの粗さにも、ターンオーバーが関係しています。すなわち、**ターンオーバーが乱れ**

るとキメが粗くなり、整うと美しくキメ細かな肌になるのです。

キメに大きく影響しているのは、肌の表面にある角質層です。

角質層では角質細胞がレンガのように積み重なっていますが、この角質細胞はたっぷりの水分を抱えており、さらに、その周囲を角質細胞間脂質が満たすことで、水分が蒸発しないように守られています。

つまり、この角質細胞のなかに水分がどれだけたっぷりと含まれているか、そして、角質細胞間脂質でしっかりと水分が守られているかによって、皮丘がふっくらしているかどうかが決まり、キメの細かさが決定されるのです。

デパートなどの化粧品売り場のカウンターで、肌の水分量を測ってもらったことがある人もいるでしょう。それは、実は角質層の中に含まれている水分を計測しています。**水分量が多ければキメが細かい肌となり、逆に、水分量が少なければ、キメが粗い肌ということになります。**

角質細胞をたっぷりの水分で満たし、角質層をみずみずしく保つために大事なことは、ターンオーバーをきちんとしたリズムでくり返すことです。

なめらかな角質層は、正常なターンオーバーによって生まれます。ターンオーバーが一定のリズムでくり返されなければ、皮膚の表面にはいつまでも古い角質細胞がこびりつきますし、死んだ常在菌も、ずっと皮膚の表面に残ってしまいます。

これらを一掃し、常に新たな細胞で皮膚の表面を満たすこと。**つまり、ターンオーバーを正常に働かせることが、角質層をキレイに整え、キメ細かい肌を作るために必要なのです。**

また、もうひとつのキメの状態に、キメのない状態「ビニール肌」があります。文字通り、「ビニールを張ったようなツヤ肌」のことをさします。

一見キレイに見えるので問題を自覚しにくいのですが、実際は、バリア障害を起こしている立派な肌荒れ状態。スキンケアをがんばりすぎた結果、角質層が失われて肌が薄くなっているのです。これもターンオーバーが整えば回復します。

マイナス10歳肌は誰でも手に入る

「いつもキレイだなと思っていたあの女性。実年齢を知ってびっくりしました！」

そう思ったこともあるでしょう。

人が、誰かをキレイだと感じる基準はたくさんあります。顔の作り、スタイル、ファッション、ヘアスタイルなど、「キレイ」の要素は無数にありますが、その中で最も重要なもののひとつが、肌の美しさではないでしょうか。

「肌年齢」という言葉を聞いたことはありませんか。**肌年齢とは、肌がどの年齢の水準にあるかを示したもの。何で測定するのかと言えば、肌の油分量や水分量、明るさ、キメ、シワ、毛穴、色素沈着です。**

通常、これらを総合して、肌の年齢を計算します。肌年齢の測り方にはいろいろあり、デパートなどの化粧品売り場のカウンターで、実際にスキャナーなどを使用して肌年齢を測定する方法もありますし、スマートフォンのアプリを使って肌年齢を測定することもできます。

また、食事やスキンケア方法、睡眠時間など簡単な質問に答えることで肌年齢を測定する方法もあります。

いずれにしても、**実際の年齢は変えられませんが、肌の年齢はある程度なら変えることができます**。しかも、肌年齢が実年齢を下回れば下回るほど、肌の状態が良く、相手にも好印象を与えることができるのです。肌年齢を若返らせない手はないですよね。

どうするかというと、大事なのはやはりターンオーバーです。

ターンオーバーが正常な肌は、しっかりとバリア機能が働き、皮膚の油分や水分が守られている状態ですから、キメが整い、しっとりと潤っています。**ターンオーバーが乱れる原因は、多くの場合、乾燥や紫外線ですから、まずは日焼けに気をつけて、しっかり紫外線対策をしつつ、肌のバリア機能を高めて地肌力を養い、肌本来の潤う力を引き出せば良いのです。**

いつも肌がこの状態なら、マイナス10歳肌も決して夢ではありません。むしろ、実年齢が進めば進むほど、肌年齢との乖離が進んで、周囲から憧れられる肌に近づくでしょう。

肌年齢は何歳からでも若返らせることができるのです。

「リペアリングキャンプ」で肌を若返らせよう

いよいよ、ここからが本題です。

合成界面活性剤をずっと使い続け、皮膚の乾燥が止まらないという人。

どんな薬を使っても、どんなにたくさん保湿をしても、肌荒れ（手荒れも）が治らない人。

低刺激性のものを使っても、効果がない人。あるいは肌が弱いと感じていて、ちょっとした刺激でも肌荒れを起こす人。

どれだけスキンケアをがんばっても、肌のシワやくすみが取れず、肌年齢が実年齢よりも上回ってしまう人。

本当は化粧をするのが好きじゃないけれど、人前に出るには素肌だと恥ずかしく、どうしても化粧をせずにはいられないという人。

そんな人たちにお勧めしたいのが、**「リペアリングキャンプ」**です。

「リペアリングキャンプ」とは、簡単に言えば、合成界面活性剤の使用を休んで、肌の修復期間を作ること。言ってみれば、肌のバリア機能を復活させ、地肌力を高めるための重要なリハビリ期間です。

私自身も、このリペアリングキャンプを長く実践している一人です。

「はじめに」でもお伝えしましたが、私は子どもの頃からアトピー体質で、小中学生の頃は、四肢を中心に典型的なアトピー性皮膚炎の発疹に悩まされ、毎日がかゆみと乾燥との戦いでした。

その後、大人になってからも手の皮膚炎だけはずっと続き、特に、毎年冬になると亀裂性湿疹（いわゆる「パックリ割れ」）に悩まされていました。

乾燥と痛みやかゆみが続き、時に出血を伴います。手はボロボロになり、患者さんから「先生の手、痛そう」と言われることもありました。どうしたら良いのかと、皮膚科の専門医でありながらずっと悩まされてきました。アトピー体質もあり、職業柄手洗いも手を抜けないので、この季節は仕方がないのかと半ばあきらめていました。

そんな中、ある年の冬に、私はあることに気がつきました。

「あれっ？　もう12月も末なのに今年は全然手荒れを起こしていない。いつもなら11月末頃から割れ始めて、痛い思いをしているのに……」

実はその年の12月、私は第１８２回日本皮膚科学会鹿児島地方会の臨床ミニシンポジウムで、合成界面活性剤が皮膚に与える影響について、発表をさせていただきました。そこでは界面活性剤が皮膚のバリア機能を障害すること、そして、皮膚のバリア機能を回復させるには合成界面活性剤、特に洗浄剤を使わないことが大切である、ということをお話ししました。

その発表をするにあたり、洗浄剤を使わないことで本当に不都合がないか、私自身で確認しようと思い、発表の２週間前から、実際に家庭でのシャンプーとボディソープの使用をやめていたのです。

シンポジウムでの発表は無事に終わりましたが、私はその後もシャンプーとボディソープを使わない生活を続けていました。そしてある時、気がついたのです。

もう12月も末なのに、毎年悩まされているパックリ割れが起こっていない……。

それはなぜかと考えたら、答えは明白です。**これまでの生活との大きな違いは、私は、シャンプーやボディソープを全然触っていない、ということ**です。

ただし、仕事柄、患者さんと接する際には衛生第一であることが必要ですから、当然、仕事中には何度も洗浄剤で手を洗います。

「それでも手荒れをまったく起こさないのは、もしかしたらシャンプーやボディソープをやめているおかげかもしれない」

私はそう、気がつきました。


私のクリニックを受診する患者さんに、美容師さんが何人かいらっしゃいます。みなさん手荒れがひどく、悩んでいます。

美容師さんは、お客さんの洗髪でシャンプーに触れる機会が多いため、手が荒れるのも職業病かと思われるかもしれませんが、私のように1日に1回程度しかシャンプーに触らない「普通の人」でさえ、シャンプーに含まれる合成界面活性剤のせいで、手荒れがひどくなることがあるという事実は、私をとても驚かせました。

確かに通常の洗髪条件では、合成界面活性剤が頭皮に残留してしまいます。どれだけお湯で洗い流しても、すべてを落とすことはできません。

そう考えれば、**手にもシャンプーに含まれていた合成界面活性剤が残留し、バリア機能を障害した結果、手荒れを引き起こして悪化させていることは容易に推測できます。**


これが、私がリペアリングキャンプをお勧めする根拠です。リペアリングキャンプがどれだけ効果があるかということを、私自身、体験によって実感しているので、自信を持ってお勧めできます。特に、「絶対に、美肌になってやる！」という強い意志がある人はがんばってみてください！

図15は私が作成した**「誰一人取り残さないスキンケアフローチャート」**です。

ご自分の状況を「はい」「いいえ」で回答していくだけで、この本でお伝えしてきた「いま、何をやるべきか」スキンケアの方向性がわかります。

結論としては、**すべての人にベストなスキンケアは「リペアリングキャンプ」**だと考えていますが、何のトラブルもない人は何をやっても良く、トラブルのある人、あるいは、ト

図15　誰一人取り残さない スキンケアフローチャート

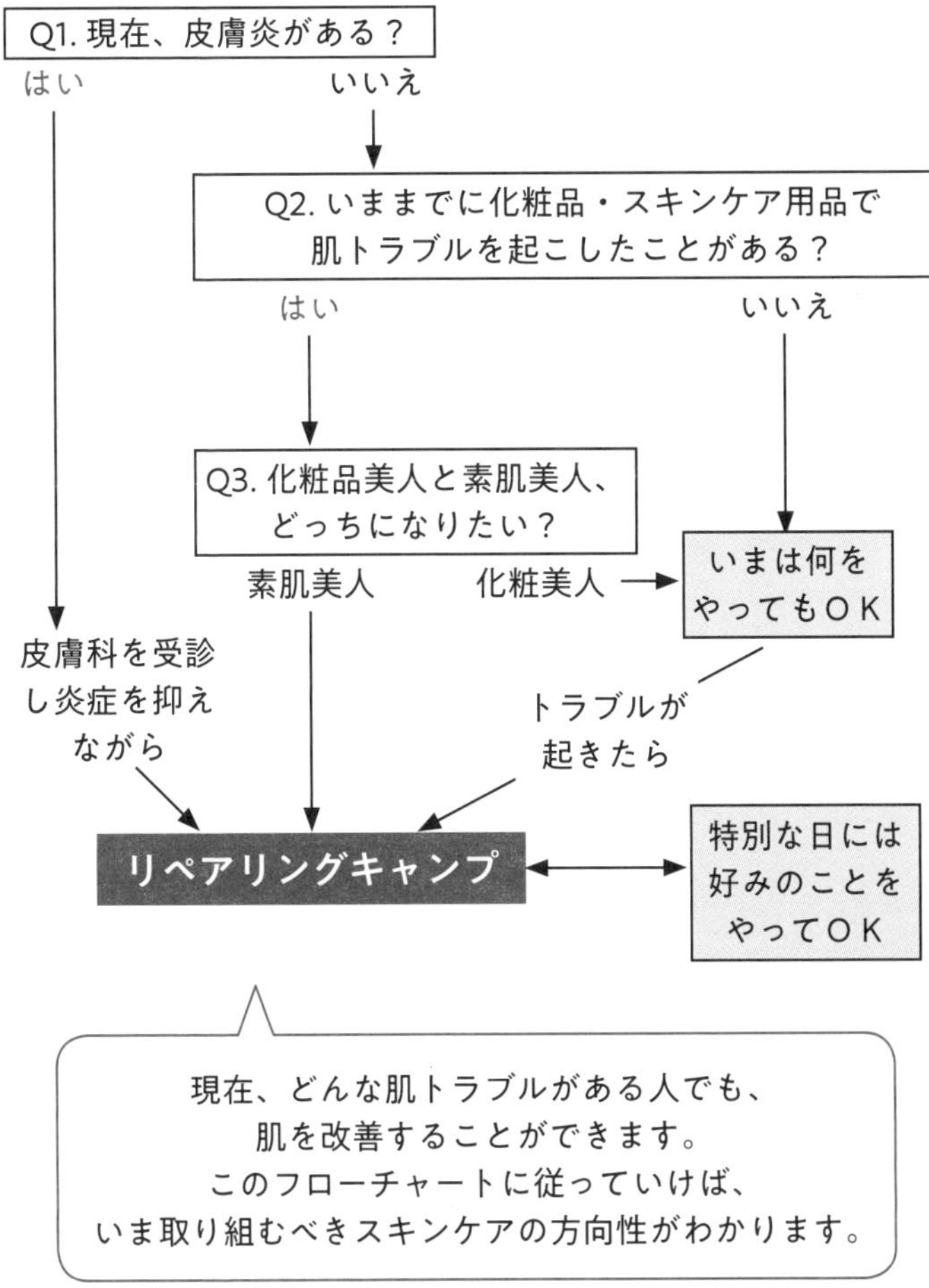

ラブルが起こった時には「リペアリングキャンプ」への参加をお勧めするというものです。

併せて、特別な日にはお好みのスキンケアや化粧をしても良いという、これまでのスキンケア本にはない自由度の高いチャートになっています。

クレンジングと洗顔はダブルで肌に悪かった

「化粧をしたら、徹底的に落とさなければいけない」

これは確かに、正解です。ファンデーションやアイメイクなどが、いつまでも肌に残っていると、肌がダメージを受け、老化にもつながってしまいます。

「疲れたから、メイクを落とさないでもう寝ちゃおう」

こんな経験、誰でもあると思います。

しかし、実はとても危険なこと。**メイクをしたまま寝てしまうと、メイクに含まれている油分が酸化して、活性酸素が発生してしまいます。** 活性酸素は老化を引き起こす犯人ですから、肌のシミやくすみが悪化します。さらに、メイクに含まれている刺激物質が肌の内部で炎症を起こして、少々の刺激でも過剰に反応する敏感肌になってしまいます。

「ほら、やっぱりメイクはしっかり落とさないとダメでしょう」

そういう人も多いと思います。しかし、ここにはひとつリスクがあります。

クレンジング剤には、多くの場合、合成界面活性剤が使われているという事実です。

クレンジング剤は基本的に、合成界面活性剤、オイル成分、添加物の３つで構成されています。このなかで、特に気をつけなければならないのは合成界面活性剤です。

本来、化粧品は多くの油分を含んでいます。鍋やフライパンでも、油汚れを落とすためには洗剤が必要であるように、メイクも水だけでは落とすことができません。そのため、同じ油性のアイテムを使ってメイクを落とす必要があるのです。

しかし、クレンジング剤は油だけでできているわけではなく、水性の成分も含んでいます。そのために添加されているのが、合成界面活性剤。これによって油と水の成分が混ざり、また、皮膚の上でも水分と油分を混ぜやすくなるのです。

また、クレンジングのあと、たっぷりの水ですすぎ洗いをしますよね。この時も、合成界面活性剤が活躍しています。なぜならクレンジング剤の油でメイクの油をなじませ、浮き上がらせたあと、界面活性剤を使って乳化させ、水と混ざりやすくするから。そのため、クレンジング剤でたっぷり油を使っても、水でキレイに流すことができるのです。

クレンジング剤でメイクをしっかり浮かせ、すすいだら、多くの人が今度は洗顔をするでしょう。

確かにクレンジング剤は洗浄力が強いのですが、皮膚上にはクレンジング剤とメイクが混ざった油がどうしても残ってしまいます。また、油では落ちない水溶性の汚れもあるでしょう。そのためメイクを落としたら、今度は洗顔料を使って顔を洗うことが大切だと考えられているのです。

これがいわゆる「ダブル洗顔」で、これを行っている人も多いのではないでしょうか。

しかし、ここには大きな落とし穴があります。それは、**クレンジング剤だけでなく、洗顔料にも合成界面活性剤が使われている**という事実です。

合成界面活性剤は皮膚への残留性が高く、洗顔後よくすすいだつもりでも、ずっと肌の中で働き続けます。その結果、皮膚のバリア機能を壊し続け、肌にとって大切な水分をどんどん蒸発させていきます。

さらに乾燥がひどいと思って保湿剤を使うと、ますます肌状態は悪化します。なぜなら、合成界面活性剤は保湿成分そのものとしても使われていますし、クリームを作る際の乳化剤としても使われていますので、**クレンジング剤、洗顔料、保湿剤と、結果的にはトリプ**

ルで合成界面活性剤を取り込むことになります。

考えただけでも怖いと思いませんか？　もう、合成界面活性剤の悪循環から逃れることができなくなってしまいそうです。

でも、大丈夫です。合成界面活性剤の悪循環を断ち切ることは、誰にでもできます。

そのために行うのが「リペアリングキャンプ」。脱合成界面活性剤の生活です。

「リペアリングキャンプ」には2種類ある

化粧をするな。洗顔料を使うな。保湿剤を使うな。

言うのは簡単ですが、実行するのは大変です。それは、私にもよくわかります。

でも安心してください。私が考えるリペアリングキャンプには、２つのやり方があります。「いきなり、全部やめろって言われても無理」という人でも行えるように、**「ソフト」**と**「ハード」**の2タイプを用意しました。

まずは、自分の目的に合うと思う方を試してみてください。いきなり「ハードリペアリングキャンプ」に挑戦して「難しい」と思ったら、「ソフトリペアリグキャンプ」に転向するのもＯＫです。

反対に「ソフトリペアリングキャンプから始めたけれど、もっと効果を出したい！」という場合は、「ハードリペアリングキャンプ」に挑戦してみてください。

いずれも、大事なのはちょっとの勇気と根気です。素肌美人をめざしてがんばりましょう！

「ソフトリペアリングキャンプ」のやり方

それでは「ソフトリペアリングキャンプ」の具体的な方法を解説していきます。

お勧めしたい人の特徴

- 肌のトラブルを抱えている人
- 肌が弱いと感じている人
- 肌のトラブルを起こしやすい人
- 何かをつけていないと不安になる人

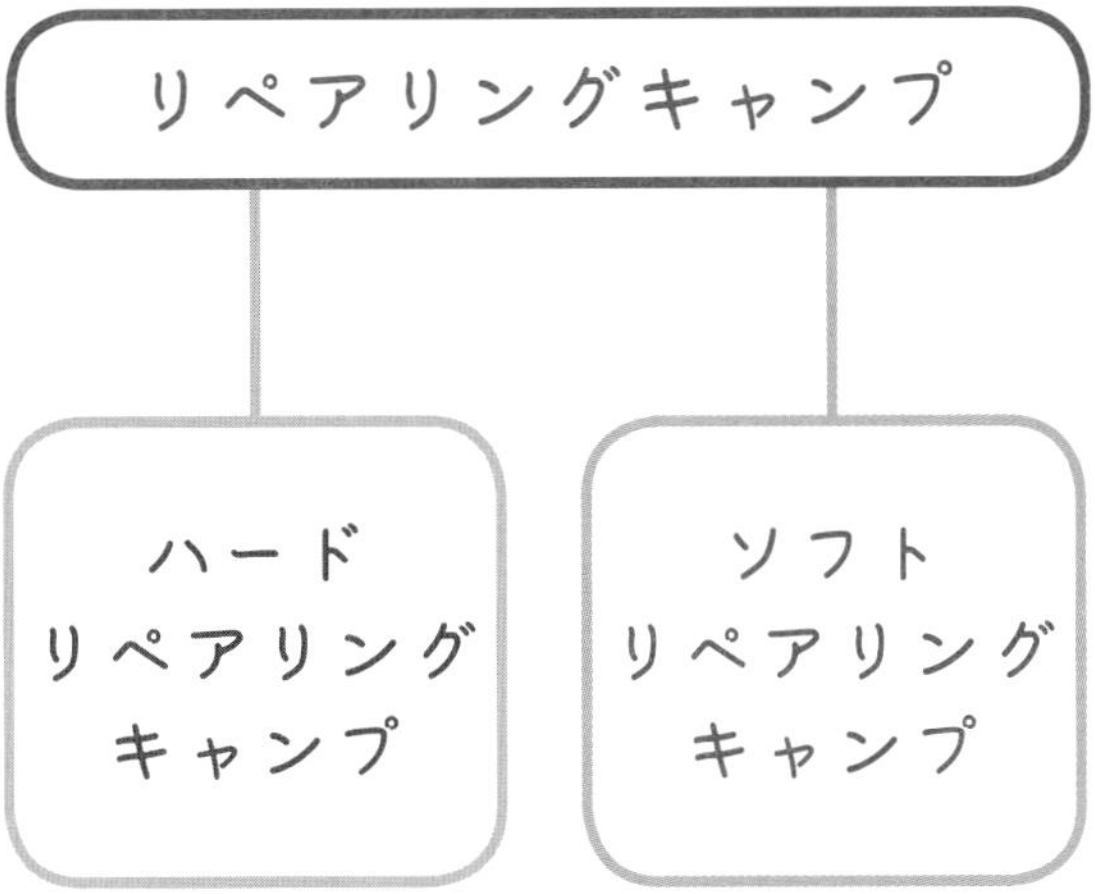

方法

(a)すべてのスキンケア用品を、合成界面活性剤を使っていないものにする。

(b)合成界面活性剤入りのスキンケア用品のアイテム数を、できる限り減らして使用する。

(c)合成界面活性剤を使っていないスキンケア用品と、合成界面活性剤入りのスキンケア用品をアイテムによって使い分ける。

→(a)、(b)、(c)のいずれかを実践します。

期間

最低でも3か月以上。地肌力が回復するまで続けてみてください。

すでにお話しした通り、私は入浴時のシャンプーとボディソープの使用をやめましたが、仕事中は、界面活性剤入り洗浄剤を使った手洗いを何度もくり返しています。これは、職業柄仕方のないことと考えているからです。

それでも、手荒れ、特にこれまで長年苦しめられてきた「パックリ割れ」を克服することができました。

本来なら、界面活性剤を完全に断つハードリペアリングキャンプが理想ですが、できるところから界面活性剤を断っていくソフトリペアリングキャンプでも徐々に効果を実感できるでしょう。

まず、一歩踏み出すこと。これがとても大事です。

「モチベーションが上がったら始めます」という人もいるかもしれませんが、モチベーションはいくら待っていても上がるものではありません。

小さいことでも何か実行すること。そして、「行動したこと」「行動できたこと」があなたのモチベーションを上げてくれます

ひとまず、今晩、シャンプーを使うのをやめてみましょう。そうすると次は「2日間やめられるかも……」と思えてきます。

1週間やめることができたら、ずっとやめ続けることも簡単にできるようになるでしょう。シャンプーをやめることができたら、次はボディソープをやめてみる。こんなふうに、次々と行動できるようになるはずです。

一度失敗しても、あれこれ考えずに気楽にまた再チャレンジしてみてください。小さなことでもくり返すことで、きっと習慣化できるでしょう。

「ハードリペアリングキャンプ」のやり方

次に「ハードリペアリングキャンプ」の方法です。

お勧めしたい人の特徴

- **ソフトリペアリングキャンプの修了者**
- **全部やめることに抵抗がない人**
- **何をやっても肌の状態が悪くなる一方の人**
- **肌が極端に弱い人**

方法

スキンケア用品の使用をすべて中止する。

期間

最低でも1か月以上。可能なら45日以上、続けてみてください。

これを読んだみなさんは、どの化粧品からならやめることができそうですか？

1. **化粧水・乳液・保湿クリーム（保湿剤）**
2. **ファンデーション（メイクアップ化粧品）**
3. **クレンジング剤、洗顔料（洗浄剤）**
4. **機能性化粧品**

実は、ファンデーションをはじめとしたメイクアップ化粧品をやめることができれば、すべてのスキンケア用品をやめることができます。

メイクをしなければ、強力な洗浄剤が不要になります。洗浄剤を使わなければバリアが障害されにくくなり、保湿剤も不要になります。そして、すべてのスキンケア用品が不要になります。

それから、スキンケア用品の中で真っ先にやめていただきたいのが、洗浄剤です。なぜなら「こする」と「(合成界面活性剤で)落とす」で二重に肌に悪いからです。

そのためには、ファンデーションをやめること。そうでないと、クレンジングはやめられません。

いきなりメイクをやめるのが難しい場合は、まず、石けんで落とせるメイクアイテムに切り替えてみてください。

いま流行りのマイクロバブルやナノバブルといった、毛穴よりも小さな超微細な泡で洗浄する仕組みのシャワーヘッドを利用するのも良いでしょう。

まずは「クレンジング」から卒業し、一歩ずつ、ノーファンデ生活に近づいてみませんか？

化粧による〝ナチュラルメイク〟をしなくても、ノーメイクで本当のナチュラルな肌を手に入れることができますよ。

第6章
「リペアリングキャンプ」で挫折しないために

「リペアリングキャンプ」の効果を楽しみに

肌トラブルを解消するには、どうしたら良いでしょうか。ここまで読まれたあなたは、もう、おわかりだと思います。

キーワードは、**「地肌力」**です。

つまり、**地肌力を育て、肌が自らキレイになろうとする力を取り戻せば良いのです。**

本来、肌には地肌力があり、外から保湿剤などを塗らなくても、自分で自分を潤すことができます。人間が何も手を加えなくても、肌は自分で自分をケアすることができるのですから、その力を育てない手はありません。

リペアリングキャンプは、地肌力を育てる最高の方法です。

何か高価なものを買ったり、面倒なことを始めたりするのではなく、**「合成界面活性剤の入った化粧品やシャンプーをやめる」という、ただそれだけのことで、地肌力を高めることができる**のです。

とはいっても、「そう簡単にやめられたら、苦労しない」という人も多いでしょう。また、リペアリングキャンプを始めたからといって、次の日、すぐに美肌が手に入るというわけではありません。

しかし、それは当然のこと。いまのお肌は、あなたのこれまでの歴史だからです。歴史を変えるのには時間がかかります。

だからといってあきらめるのではなく、ぜひ、少しずつの変化を味わってみてください。「髪の毛が思ったほど、ベタベタしない」という発見や、「洗顔料を使わなくても、思ったより気持ち悪くない」という感想、「なんだか肌がもっちりしてきた感じがする」という変化、「以前に比べて肌の調子が良くなったような……？」という成長。

そうしたことを、ひとつひとつ、楽しんでみてください。やがて、「地肌力が育ってきた」という実感を得られるでしょう。

「リペアリングキャンプ」についてのよくある質問

「リペアリングキャンプ」を始めると、「少しずつ肌がふっくらしてくる」「手触りがなめらかになった」などの変化を感じられる一方で、一時的に「強い乾燥を感じる」などといった、さまざまなトラブルが起こる可能性もあります。

ここでは、「リペアリングキャンプ」中に想定されるトラブルと、その対処法をご紹介します。

Q1．強い乾燥を感じた時の対処法は？

強い乾燥を感じて、**肌がかゆくなるなどのトラブルが生じた場合は、合成界面活性剤の入っていない、もしくは肌のバリアを障害しない程度の、弱い界面活性剤を使用している保湿剤を使ってみてください。**

これまで、合成界面活性剤の入った化粧水や保湿剤を使って、肌をしっとりさせていた人が、それらの使用をやめた場合、一時的に強い乾燥を感じることがあります。

それは、界面活性剤によって弱体化された現在のあなたの地肌の状態です。すなわち、ここがスタートライン。ここから肌が本来の地肌力を取り戻し、自らの力で潤そうとしていく、大事なプロセスなのです。

そこで「やっぱり乾燥するのは肌に悪い」といって、これまで使っていた化粧水や保湿剤を使ってしまうと、「合成界面活性剤を使用することにより、見かけ上は保湿されますが、地肌のバリア機能は破壊され、ますます乾燥がひどくなる」という、負のサイクルが始まってしまいます。使わない機能は衰えていきますが、反対に、これまで使わなかった機能を使うようにすれば、再び機能を取り戻すことができます。

2、3日程度で乾燥がおさまることも多いので、しばらく様子を見てみましょう。もし、「どうしても乾燥が辛い」「かゆみが止まらない」という場合は、合成界面活性剤を使っていない保湿剤を使いましょう。

合成界面活性剤を使っていない保湿剤として、お勧めしたいのが「ワセリン」です。

ワセリンとは、簡単に言えば石油から作られた保湿剤のこと。肌に塗ると、表面に薄い膜を作って水分が蒸発するのを防いで、皮膚を保護する働きをしてくれます。

「石油が原料なんて、肌に悪いんじゃないの？」と思うかもしれませんが、ワセリンは、石油を高純度に精製しているため、肌に悪影響を及ぼすような不純物はほとんど取り除かれています。

そのため、敏感肌の人や赤ちゃんでも安心して使える、貴重な保湿剤です。

一般的なドラッグストアでもワセリンを購入することはできますが、商品によって純度にばらつきがあるので注意しましょう。黄色味を帯びたものほど純度が低く、純度が高くなるにつれて白色になります。

肌の弱い人が純度の低いものを使用するとトラブルになることもあるので、できるだけ白いものを選ぶようにしましょう。

Q2．Tゾーンの毛穴のつまりがひどくなったら？

基本的に、**ターンオーバーが正常になれば、毛穴のつまりも解消されます**。そのため、「毛穴のつまりがキレイになったら、ターンオーバーが正常になって、地肌力も回復し始めている証拠」と考え、その日を楽しみに待ちましょう。

ただし、あまりにつまりがひどい場合は、取れるまで時間がかかることもあります。その場合はニキビ治療やケミカルピーリングで対処することができます。

ケミカルピーリングとは、肌に特殊な薬剤を塗って、肌の表面にこびりついている古い角質を取り除く治療法。古い角質が取り除かれれば、自然と、新しい角質の生成が促されますから、いってみればケミカルピーリングは、ターンオーバーを人工的に促すような治療です。

ドラッグストアでニキビの治療薬やケミカルピーリングの薬剤を購入することもできますが、皮膚科で処方や施術をしてもらった方が安心で、質の高い治療を受けることができます。

「毛穴のつまりがひどくなったくらいで、皮膚科を受診しても良いの？」と疑問に感じるかもしれませんが、ぜひ遠慮なく受診してみてください。

そもそも、毛穴につまっているものは、多くの場合、古い角質や皮脂です。毛穴がつまる原因はさまざまですが、一般に、次のような原因が考えられます。

1．皮脂が過剰に分泌している

ホルモンバランスの影響で皮脂は過剰に分泌されますし、洗顔のしすぎで肌が乾燥しても、皮脂は過剰に分泌されます。また、脂質や糖質の摂りすぎも、皮脂の過剰分泌の原因になります。

2．肌のターンオーバーの乱れ

肌は一定のサイクルで生まれ変わりをくり返していて、このターンオーバーが正常に行われることで、健康な肌がキープされます。しかし、ターンオーバーが乱れると古い角質がいつまでも肌にとどまるようになり、毛穴がつまってしまいます。

3．加齢による肌の弾力低下

肌の弾力を保つのは、真皮にあるコラーゲンやエラスチンなどの成分。しかしこれらは加齢とともに減少してしまいます。その結果、肌のハリが失われてたるむように。毛穴もたるみ、そこへ皮脂や古い角質がつまってしまいます。

毛穴のつまりが目立つのは、多くの場合、額から鼻先にかけてのいわゆるTゾーンです。**Tゾーンの毛穴のつまりが目立つ理由は、このエリアは皮脂の分泌が盛んだから。**通常ならターンオーバーのサイクルとともに、皮膚の表面にある古い角質や皮脂は剥がれ落ちていきますが、ターンオーバーが乱れると、それらがいつまでも皮膚にとどまってしまいます。

そのため、毛穴のつまりがぽつぽつと目立つようになってしまうのです。

こうした毛穴のつまりを解消しようとして、自分で押し出したり、毛穴をつまんだりすると、ますます肌に刺激を与えることになり、肌に負担となってしまいます。また、汚い手で触ると雑菌を増やす原因となり、皮膚の内部で炎症が広がることも。

ターンオーバーが正常になれば、自然と古い角質や皮脂は剥がれ落ち、ピカピカの新しい皮膚に生まれ変わりますが、毛穴のつまりを放置しておくと、毛穴の中にさらに皮脂や角質がたまり、ニキビのもとであるコメドができてしまいます。

毛穴のつまりの始まりは微小面皰《めんぽう》と呼ばれ、肉眼で確認することはできません。これがコメド（面皰）の状態になってはじめてニキビとして認識されるのです。微小面皰を作らないためにも皮膚のターンオーバーを整えることが大切なのです。

ニキビをこじらせてしまうと最終的にクレーター状の瘢痕《はんこん》（治ったあとに残る傷あと）になってしまいます。この状態になってしまうと元に戻すことはできません。そうならないためにも、毛穴のつまりが少しでも気になったら皮膚科を受診した方が良いでしょう。

Ｑ３．「ハードリペアリングキャンプ」を数日続けたら、皮がむけたり、粉ふきを起こしたりしているのですが……？

ハードリペアリングキャンプを続けて皮がむけたり、粉ふきを起こしたりするのは、多くの場合、乾燥が原因です。そのため、Ｑ１でもお答えした通り、そのまま数日間様子を見ていただいても良いのですが、何か保湿剤を使うとしたらお勧めなのはやはりワセリンです。それを気になる部分だけに塗れば大丈夫です。

肌が乾燥すると、なぜ皮がむけたり、粉ふきを起こしたりするのでしょうか。

肌が極端な乾燥状態になると、角質層の水分や角質細胞間脂質が減少し、水分を保持する力も弱くなります。

その結果、皮膚表面のバリア機能が低下。どんどん水分が逃げ、干からびた角質細胞で構成された隙間だらけの角質層になります。そこに外部からの摩擦が加わると、干からびた角質細胞は簡単にめくれます。これが皮むけの実態です。

さらに、めくれた角質が粉をふいたように見えるため、「粉ふき顔」を引き起こしてしまうのです。

また、**ターンオーバーの乱れも、皮むけや粉ふきの原因になります。**

ターンオーバーが乱れると、未成熟な角質細胞が表面付近までどんどん押し上げられます。本来、角質細胞は、寿命が来れば自然に剥がれ落ちますが、未成熟だと剥がれ落ちにくいため、いつまでも肌に積み重なってしまいます。

こうして、角質層には未成熟な角質が積み重なっていくのですが、未成熟な角質細胞はバリア機能が低く、外部から摩擦が加わると簡単にめくれてしまいます。これが、皮むけや粉ふきの原因です。

ターンオーバーが整い、本来、肌に備わっている地肌力が十分に発揮されれば、化粧水や保湿剤を使わずとも、水分を皮膚にたっぷり保持し、また、皮脂膜で皮膚の表面を覆うことができますから、皮むけや粉ふきを起こすことはありません。

ハードリペアリングキャンプを始めたばかりの頃は、まだ、地肌力が回復していませんから、肌が乾燥するスピードに、肌を潤す力が追いついていきません。そのため一時的に皮膚が乾燥し、皮むけや粉ふきを起こしてしまうことがあります。しかしやがて肌本来の地肌力がよみがえってくれば、そうしたことは解消されます。ターンオーバーも少しずつ正常のリズムを取り戻し、皮膚のバリア機能も回復しますから、何もしなくても、肌はしっとり潤った状態になるはずです。

また、季節の変わり目などで急激に環境が変化する時にも皮がむけたり、粉ふきを起こしたりすることがあります。これは、急激な環境の変化に肌が対応しきれていないだけで、数日もすれば順応していきますので、安心してください。それが気になる時は、同じようにワセリンなどで対応すれば大丈夫です。

ただし、**いくら肌に負担がないからといって、ワセリンなどに頼りすぎていると、肌本**

来の地肌力をよみがえらせることは難しくなってしまいます。ワセリンなどの使用は最小限にとどめることをお勧めします。

Ｑ４．一時的にニキビが増えるなどのトラブルが起こることはありますか？

確かに、リペアリングキャンプを始めると、一時的にニキビなどが増える可能性はあります。それはＱ２で説明したように、ニキビの始まりは微小面皰と呼ばれる毛穴のつまりだからです。したがって、ニキビについても基本的にはＱ２と同じ対処法で解決できます。ターンオーバーが正常化し、地肌力が回復する日を信じて待ちましょう。

ちなみに、ニキビの原因として知られるアクネ菌ですが、必ずしも悪さをする悪役ではありません。

腸内細菌には、体に良い働きをする「善玉菌」と、体に害をもたらす「悪玉菌」の他に、「日和見菌」といって、どちらにも属さない菌がいます。これと同じく、皮膚の常在菌にもこの３つのグループが存在します。

アクネ菌は日和見菌の一種で、つまった毛穴の中にいる時は炎症を起こしニキビを悪化させますが、毛穴のつまりがなくなり酸素に触れると善玉菌に変わります。

善玉菌としてのアクネ菌は、表皮ブドウ球菌とともに、肌にとって非常に有益な働きをしています。

「美肌菌」としても知られる表皮ブドウ球菌は善玉菌の代表格で、皮脂や汗をエサとして脂肪酸やグリセリンを増やし、「天然の保湿クリーム」として、肌をしっとりさせてくれます。

善玉アクネ菌も、皮脂をエサにして脂肪酸やプロピオン酸という成分を増やし、これによって皮膚を弱酸性に保ち、悪玉菌の増殖を抑えています。

しかし、毛穴がつまり酸素がなくなると、アクネ菌も悪さをするようになります。アクネ菌は毛穴に潜んで皮脂をエサに増殖し、「リパーゼ酵素」を作ります。そして、リパーゼ酵素によって分解された脂肪が遊離脂肪酸を生み出し、この遊離脂肪酸が毛穴を刺激することでニキビが悪化していくのです。

つまり、**ニキビを作らないために大事なことは、アクネ菌を取り除くことではなく、皮膚のターンオーバーを整え、毛穴がつまらないようにすること。善玉菌が優勢であればアクネ菌も皮膚を潤し、また、皮膚を弱酸性に保ってバリア機能を高めてくれます。**

皮膚の菌バランスを乱す原因は、過度な洗浄、紫外線、睡眠不足などさまざまあります。

こうしたことに気をつけて皮膚の菌バランスを善玉菌優勢の状態に保つことが、ニキビ予防にもつながり、また、バリア機能がしっかり働く、地肌力の高い肌につながるのです。

Q5.「リペアリングキャンプ」は家族全員でチャレンジできますか？ 子どもの肌は保湿しないで大丈夫ですか？

ぜひ、ご家族でリペアリングキャンプにトライしてください。子どもの肌も、大人同様、自ら保湿される地肌力を持っているので、本来なら外部から保湿するケアは不要です。

ただし、アトピー性皮膚炎など体質的に乾燥肌の人は、保湿が必要な場合もあります。その場合は、Q1やQ3でお勧めした、ワセリンなどの保湿剤を塗ってあげてください。

リペアリングキャンプを行うのに、年齢制限はありません。子どもからお年寄りまで、どなたでも試していただくことができます。

「もう年だし、いまさら肌のことを考えたって遅いでしょう」

そんなふうにあきらめる必要はありません。肌のことを考えるのに、早いも遅いもないのです。

とはいえ、特に気になるのは子どもでしょう。「敏感な子どもの肌にも大丈夫かしら」と疑問を持たれるかもしれません。もちろん、子どもでもリペアリングキャンプを行うことはできますし、子どものうちからリペアリングキャンプをして、合成界面活性剤を使わない生活になじんでおけば、自然に地肌力が身につきますし、何も特別な手入れをしなくても、イキイキとキレイな肌を手に入れることができます。

最近では、化粧がどんどん低年齢化していることもあり、子ども用の化粧水や乳液まで発売されています。しかし、それらを使うことには疑問があります。本当に、子どもに化粧水や乳液などのスキンケアが必要でしょうか？

もう少しさかのぼって、赤ちゃんの肌について考えてみましょう。

生まれてから3か月目くらいまでの赤ちゃんは、お母さんのお腹の中にいた時の影響を受け、皮脂の分泌が活発です。そのため、乳児湿疹ができるなど、肌トラブルに見舞われやすくなります。

しかし生後3か月くらいになると皮脂の分泌は一気に減少します。しかも赤ちゃんの肌はとても薄いため、皮脂の分泌が少ないと、外部刺激から肌を守る力が弱くなり、肌内部の水分の蒸散を防ぐことが難しくなってしまいます。

ちょっとした刺激で肌トラブルを起こしがち、しかも、皮脂の分泌が少ないために皮膚が乾燥しやすくて、刺激に弱い……。

「だから、赤ちゃんにはきちんとスキンケアをしてあげないと！　子どもだからといって、手抜きをしてはいけない」

そう考えるお母さんたちも多いと思います。

しかし、よく考えてみてください。

赤ちゃんは、この世に生まれる前は、お母さんのお腹の中で水浸しの状態でした。赤ちゃんは卵膜に包まれ、羊水の中で浮かんでいます。その後、この世に生を受けた時から、赤ちゃんは水の中から出て、いきなり乾燥にさらされます（67ページ図5参照）。

また、赤ちゃんは皮脂腺の発達や皮膚の水分保持機能が未熟であるため、大人よりも乾燥しやすいので、シャンプーをしてもフケが出やすかったり、顔が粉ふきの状態になったりします。この時期は、過保護にならない程度に保湿をしてあげると良いでしょう。

その後、思春期にかけてゆっくり地肌力を獲得していきます。その過程がとても大切で、もしこの時期に過剰に化粧水や保湿剤をつけて過保護にすると、きちんと地肌力を養うことができません。

つまり、乾燥刺激がないと、肌が自ら「潤そう」とする力を育てることができないのです。

適度な乾燥刺激を与えた方が地肌力を養うことができ、長い目で見て、健康でイキイキと美しい肌を育てることができるのです。

これからリペアリングキャンプを始めようという場合は、ぜひ、家族でチャレンジし、みんなで肌の変化や気づきなどについて話し合ってみるのも良いと思います。

一人で取り組むより、大勢でトライした方が、がんばる意欲もわきやすいもの。ぜひ、ご家族で挑戦してみてください。

「良い汗」は美肌のもと。汗をかくことを嫌がらないで

「俳優は顔に汗をかかない」

そんな言葉を聞いたことがあるかもしれません。確かに、真夏にコートやセーターを着て冬のシーンを撮影することもありますし、炎天下で何時間ものロケを行うこともあるでしょう。でも一流の俳優ほど、汗をかくことは少ないそうです。

どうやって汗の量をコントロールしているかは、一人ひとり違うのでしょうが、「ゆっく

り呼吸をしてストレスを和らげる」「制汗剤を使う」などさまざまな方法によって汗をかかないようにしているのは確かなようです。

一般の人たちにとって、汗をかかないのはうらやましいと感じられるかもしれません。特に人一倍汗っかきの人は、その体質がうらめしいと思うこともあるでしょう。顔に汗をかけばせっかくのメイクも崩れ、清潔感もなくなって、良いことなど何もないと感じる人も多いはずです。

しかし実は、**汗は美肌に欠かせない要素なのです。**

第2章で、汗と皮脂が混ざり合って天然の高級保湿クリームになるというお話をしました。つまり、**皮脂を分泌するだけでは、天然の高級保湿クリームを作ることができないの**です。

皮脂膜が生成されるプロセスを細かく見ると、こうなります。

1. 手のひら、足の裏を除き、ほぼ全身に存在する皮脂腺から皮脂が分泌される。

2. 角質細胞から分解された表皮脂質（皮膚表面に存在する脂質）と皮脂が混ざる。

3. 汗が加わり、皮脂膜になる。

このように、最後のプロセスで汗が加わることで、天然の高級保湿クリーム「皮脂膜」が完成するのです。

乾燥の激しい冬に、ランニングをして汗を流す人の肌が艶肌だと感じたことはありませんか？　これはまさに、汗と皮脂が混ざり合って天然の高級保湿クリームがたくさん作られているため。そのため、寒い季節でも汗を流すことで、乾燥に負けない自然な艶肌を手に入れることができるのです。

汗と皮脂が混ざり合うことは、保湿効果を高めるだけでなく、**外部から受ける刺激に対し、肌を守るバリア機能も果たしています。**皮脂膜が皮膚の表面をくまなく覆っていることで、雑菌やアレルギー物質の侵入を防いでくれますし、また、肌表面をなめらかにすることで、摩擦抵抗を減らす働きも担っています。

さらには肌のpHを弱酸性に保ち、雑菌の繁殖を抑えるなど、**肌の保護膜として重要な働きをしているのが皮脂膜なのです。**

ここまでわかれば、「汗をかかないなんて、うらやましい」と思ったり、「汗をかかない体質になりたい」と考えたりする理由がまったくなくなるのではないでしょうか。

そもそも**リペアリングキャンプを実践して、〝脱ファンデ生活〟を手に入れれば、メイク崩れを気にする必要もないので、顔に汗をかくことも苦にならなくなるはずです。**

私たちは、エアコンの効いた部屋で過ごすことが当たり前になっており、汗をかく機会が一昔前に比べてめっきり減りました。そのため、汗腺機能が衰えてしまった人が増えています。

暑くなると汗を出し、寒ければ閉じる汗腺は、体温調節をする必要がないとその機能が衰えます。これはつまり、暑さを感じても汗を出すことができなくなってしまう可能性があるということです。

運動をしたり、炎天下を歩いたりしても顔から汗をかかない人は要注意です。もしかしたら、すでに汗をかく機能が衰えているのかもしれません。

特に気をつけてほしいのが、幼児の場合です。2歳くらいまで、エアコンの効いた環境で長時間過ごす生活を続けていると、その後も汗腺が未発達の状態になり、汗をかけなくなってしまうかもしれません。

というのも、汗腺には汗をかく力のある「能動汗腺」と、力のない「不能汗腺」があり、どのくらいの汗腺が「能動汗腺」になるかは、2歳半頃までに決まるとされているからです。そのため、２歳半くらいまでの間に汗をかく経験を積んでおかないと能動汗腺が育たず、その後も「汗をかきにくい」体質になってしまうのです。

大人も子どもも、日常的に汗をかく習慣を身につけること。これにより、汗腺機能を鍛えることができます。

美肌のためにも、また、健康のためにも、日頃から汗をかくことを意識してみましょう。

運動は筋《きん》トレだけでなく「汗《かん》トレ」になる

汗をかくには、何をすれば良いでしょうか。真っ先に思い浮かぶのは運動だと思います。外の気温が上がったり、運動をしたりすると、体温が上がります。体温の調節機能を担うのは、脳にある視床下部《ししょうかぶ》。この部位が、「体温が上昇した」という情報をキャッチすると、全身の汗腺に「汗を出しなさい」という指令を出します。それにより、全身から汗が出されるのです。

暑い日や運動後などに、汗をかいている動物を見たことはありますか？　実は、汗をかく動物は非常に少なく、人間と馬くらいなのだそうです。

人間が汗をかく機能を身につけたのは、猿から人間に進化する過程においてでした。地球環境の変化により、人間は森から草原へ出て、食べものを求めるようになりました。広い荒野を何時間も歩いたり、時には獲物を追いかけて遠くまで走ったりしたこともあったでしょう。

運動量が増えれば、体温はどんどん上がっていきます。しかし、体温が上がれば体調を崩しますし、脳の働きも鈍くなります。それ以上、運動をすることができなくなり、食べものを取ることができません。

そのため、**人間は効率的に体内の熱を発散し、体温を下げる仕組みを自然に身につけるようになりました。それが「発汗」という機能です。**

人間が過酷な環境を生き抜くために身につけた汗をかくという能力は、現代の私たちにも引き継がれています。

しかし、汗を出す汗腺は、使えば使うほど能力を開花させますが、反対に、使わなくなればその能力はどんどん衰えてしまいます。

どれだけ暑い日でも、汗ひとつかかずに涼しい顔をしている人は、汗っかきの人にとってはうらやましいと思えるかもしれません。

しかし、汗をかかないということは、それだけ体内に熱が蓄積してしまっているということであり、熱中症になる危険性が高まります。

また、これまでお話ししてきたように、天然の高級保湿クリームである皮脂膜は、汗を重要な成分としていますから、汗がなければ、皮膚を保湿することができません。

そのため、**汗をかけない人は皮膚の乾燥が進むだけでなく、バリア機能も衰え、異物やアレルギー物質などの侵入を招きやすくなってしまいます。**

では、どうすれば汗をしっかりかける体になるかというと、トレーニングをすれば良いのです。

筋肉をつけるために「筋《きん》トレ」が必要であるように、汗をかける体にするには**「汗《かん》トレ」**が役立ちます。

運動はくり返すことで筋肉が身につき、ダイエットになりますよね。それと同じように、**汗をかくのもトレーニングだと思えば良いのです。汗をかく機会を積極的に設け、それを継続することで、次第に汗をかける体になってきます。**

「ジム通いを始めました」「トレーニングを始めました」という人が多いようですが、それはとても良いことだと思います。筋肉がつき、免疫力が高まるだけでなく、汗をかける体を手に入れることができるのですから。

もし、どうしても運動がイヤという人は、サウナや入浴などで体温を上げる機会を作りましょう。

忘れないでほしいのは、使わない機能は衰えてしまうということ。美肌を育てるためにも、また、健康維持のためにも、汗をかく習慣を身につけ、いつでもちゃんと汗を出せる体に整えておきましょう。

第7章
変えるのは化粧品ではなく、あなたの「考え方」

「リペアリングキャンプ」はお肌のＳＤＧｓ

ＳＤＧｓという言葉を聞いたことがある人も多いでしょう。

ＳＤＧｓとは、Sustainable Development Goals の略。日本語では「持続可能な開発目標」とされ、世界レベルで２０３０年までに達成すべき17の目標が掲げられています。

現在では、この目標を達成するため、各国の政府だけでなく民間企業も「自分たちにできること」を探して積極的に取り組んでいます。いかにして、一人ひとりが意識を高く持ち、「自分ごと」として考えるかが、目標達成のためにはとても大切と考えられています。

ＳＤＧｓでは、基本理念に「誰一人取り残さない（leave no one behind）」ことを掲げています。

世界でほとんどの人たちが貧困から解放され、飢餓に悩むことがなくなったとしても、まだ、どこかの地域では一部の人たちがそうした問題にとらわれていたとしたら、それは、ＳＤＧｓの理念が達成されたことにはなりません。

つまり、世界中のすべての人が等しく幸福を手にして、はじめてＳＤＧｓが達成されるということです。

また、ＳＤＧｓは何も、「貧困を解決する」「世界紛争をなくす」「教育を平等に」といった、大きな社会問題だけを取り扱うのではありません。

一人ひとりが充実して幸福な生活を送るというミクロな視点においても、ＳＤＧｓの考えを当てはめることができるのです。

そう考えると、ＳＤＧｓは医療や健康に関することについても言えますよね。たとえば、高額な医薬品などを使用しなければ、健康上のトラブルを改善できないのなら、それはＳＤＧｓの理念を満たしているとは言えません。

お金を持っている人も持っていない人も、国籍や年齢、性別に関係なく、誰もが同じ幸せを享受することができなければ、それは、ＳＤＧｓの理念からそれてしまいます。

一番身近なところで、肌の健康について考えてみましょう。高級な化粧品や医薬品を使えるのは、ほんのひと握りの人だけ。それ以外の人は、自分の手に届く範囲で、できることをしなければならない。

こうした事態は、ＳＤＧｓが考える理念とは真逆ですよね。

そうではなく、**すべての人が実践できる最大公約数を見つけること。これがＳＤＧｓの考えに沿った、皮膚の健康の考え方です。**

そう考えると、リペアリングキャンプは肌にとってのＳＤＧｓである、ということができると思いませんか？

リペアリングキャンプでは、特に何も必要としません。むしろ、これまで使っていたものの「使用をやめる」のがリペアリングキャンプですから、お金を持っている人も持っていない人も、国籍や年齢、性別に関係なく、誰でも実践することができます。

そのうえ、リペアリングキャンプを行うことで、誰でも間違いなく、地肌力を取り戻すことができ、自然に潤う肌を手に入れることができるのですから、リペアリングキャンプは、すべての人を幸せにするＳＤＧｓといえるでしょう。

２０２２年６月２日から４日間にわたって開催された「第１２１回日本皮膚科学会総会」でも、テーマは「持続可能な皮膚科学の目標」ＳＤＧｓ（Sustainable Dermatology Goals）でした。

これは、国連が定めたＳＤＧｓ（Sustainable Development Goals）のＤの部分の単語を変えたものです。Dermatology の意味は、「皮膚科（学）」。単語の意味はひとつ違いますが、日本の皮膚科学会もＳＤＧｓに大きな注目を寄せていることがうかがえます。

国連の定めたＳＤＧｓでは、３つ目の目標として「すべての人に健康と福祉を」を掲げています。この観点から考えれば、合成界面活性剤の使用を一切やめるリペアリングキャンプは、すべてのタイプの人に適用できます。そして**リペアリングキャンプは、人類が進化の過程で身につけた能力を再び取り戻そうとする、自然の摂理にかなったスキンケアの基本的メソッドです。**

そうしたことを考えても、いま、この時代にリペアリングキャンプを取り入れてみるのは、時代の流れにふさわしいのではないかと思えるのです。

「スーパーハードリペアリングキャンプ」とは？

ここで「もっと美しい肌を追求したい」という人のために、ハードリペアリングキャンプの上をいく、**「スーパーハードリペアリングキャンプ」**を紹介しておきましょう。

スーパーハードリペアリングキャンプは、スキンケア用品に含まれる合成界面活性剤を完全に断つハードリペアリングキャンプをしていても、地肌力が回復しない人、あるいは、もっと徹底的に合成界面活性剤を断ちたい人に向いている方法です。

具体的な方法は、**衣類の洗濯洗剤も合成界面活性剤不使用のものを使う**ようにするということ。つまり、肌に直接塗るものだけでなく、肌に触れるものについても、合成界面活性剤を避けるということです。

とりわけ大事なのは、顔や体を拭くタオルです。1日に何度も顔や手を拭きますし、その都度、タオルに残っている合成界面活性剤を、皮膚になすりつけていることになってしまいます。

「洗濯機でキレイに洗い流しているから、合成界面活性剤がタオルに残っていることはないでしょう？」

そう思う人も多いと思いますが、実は、どれだけ丁寧にすすぎ洗いをしても、タオルなどの繊維には合成界面活性剤が微量ながら残っています。

さらに、洗濯機の洗濯槽やゴミ取りネット、排水フィルターなどにも、合成界面活性剤はこびりついています。そのため、洗えば洗うほど合成界面活性剤がタオルなどの繊維に染みついてしまうことが多いのです。

もし、完全に合成界面活性剤の使用をストップしたいなら、洗濯洗剤にも気をつけて、合成界面活性剤が使われている合成洗剤の使用を控えましょう。

合成洗剤の代わりに、合成界面活性剤を使っていない液体洗濯石けんや、固形の石けんが販売されています。それらを使うと良いでしょう。

みんなが同じスキンケアをする必要はない

私たちは、自分の体の調子を観察しながら、日々、自分の体をケアしています。肩が凝ったら、マッサージに行ったり、整体に行って体の歪みを整えたり、ビタミンを摂ったりするでしょう。

体の調子が悪い時には、「これをしたら、体調が良くなるかな」と感じることがあるものです。そして、それを実際に行うと、だいたい体調が良くなります。

つまり、体がちゃんと解決策を教えてくれているのです。

なぜなら、体調は毎日一定ではないから。仕事の忙しさや気分の波、食事や睡眠や運動、気温や湿度、気圧の変化などによって体調は変わるので、私たちはそれに応じて対策をとることができるのです。

肌も同じように、その日その日でコンディションが変わります。

そのため、**体調を整えるように肌の状態を整えることが必要です**。そうすることで地肌力が高まり、バリア機能が復活し、健康でイキイキとした肌が手に入るからです。

しかし、現実はどうでしょうか。

ニキビができやすい肌には、この化粧水。シミができている肌にはこの美容液。乾燥しやすい肌にはこの保湿剤。くすみがちな肌にはこの洗顔料。

そんなふうに、ＣＭや雑誌ではお悩み別にお勧めのスキンケア用品が宣伝されていますよね。あたかも、それらを使えば悩みがたちまち解決するとでもいうかのように、絶対的に正しい答えとして、商品が宣伝されています。

しかも、きらびやかな芸能人たちがＣＭや雑誌広告に登場しているのですから、「これを使ったら、私もこんなにキレイになれるのかしら」と夢を抱いてしまうのも、やむをえないことかもしれません。

しかし、よく考えてみてください。あなたと芸能人の肌は同じではありません。もっと言えば、あなたと周りにいる友だちの肌も同じではありません。

一人ひとり、肌質は違いますし、乾燥の度合いも、シミやそばかすのでき具合も、ニキビのできやすさも違います。

ある人は、日光に弱いかもしれませんし、ある人はアレルギー体質かもしれません。

そんなふうに、一人ひとり肌の状態が異なるのに、「シミにはこれ」「ニキビにはこれ」など、解決策が少ししか示されていないというのは、ちょっとおかしなことだと思いませんか。

ダイエットの方法を思い浮かべてみてください。「毎日10㎞走って、脂肪を燃やす」という方法が合っている人もいますし、「炭水化物を控えめにするなど、食事を改善して痩せる」という人もいます。

ある人にとっては「とても痩せた」という方法が、すべての人にとって有効であるとは限りません。

つまり、自分にとっての黄金ルールを見つけるのが必要で、その黄金ルールを見つけることが、ダイエット成功への足掛かりというわけです。

肌のお手入れもこれと同じです。みんなが同じスキンケアをする必要はないのです。

もちろん、リペアリングキャンプをする時にも同様です。**本書ではオーソドックスなリペアリングキャンプの方法を紹介していますが、肌質によってはアレンジが必要な人もいるかもしれません。**

また、ビギナーだからといって必ずしもソフトリペアリングキャンプから始めなければならないというわけではなく、思い切ってハードリペアリングキャンプに挑戦しても良いのです。

合成界面活性剤を使わないというのは、すべての人にとって共通のルールですが、ある人は「乾燥しやすいからグリセリンを使いたい」と考えるかもしれませんし、またある人は、「思い切って肌質をとことん変えたいから、スーパーハードリペアリングキャンプにトライしてみる」と考えるかもしれません。

つまり、自分にとって最適なやり方を見つけることが必要で、もしかしたら時期やタイミングによっても、やり方が合う、合わないという違いは生じるかもしれません。

その日、その瞬間、肌がどんなことを求めているのか？

肌の声に耳を澄まし、その願いをかなえてあげることが、健康な肌を作るためにはとても大切なことなのです。

ちなみに、私は以下のようなソフトリペアリングキャンプを実行しています。

・シャンプー、ボディソープを使わない。

・仕事がら洗浄剤を使った手洗いは頻繁にする。

・季節の変わり目など一時的に乾燥を感じた時だけ、合成界面活性剤を使用していないか、あるいは弱い界面活性剤を使用した保湿剤を使う。

・ゴルフの時だけ日焼け止めを塗る。それを落とす時は固形石けんを使う。
・ゴルフの際、日差しが強い時だけ日傘をさす（わざわざ持ち込むのではなく、カートに備え付けの雨傘を利用。皮膚に対しての紫外線対策としてだけでなく、副産物として体力の消耗を防ぐ効果もあることを実感させてくれました）。

このようにできる範囲で実行し、快適に生活しています。

日々変化する「今日の肌状態」を知ろう

誰もが経験のあることだと思いますが、季節の変わり目で急激に気候が変化したり、食べものの影響で肌の調子が不安定になったりすることがあるでしょう。

深夜に油っぽいものを食べたら次の日にニキビができてしまったとか、生理前になってホルモンバランスが乱れるとどうしても肌荒れしやすくなるとか……。

そうした不調を感じた時はまず、自分の肌をじっくり観察して、今日の状態をチェックしてみてください。

「少し粉をふいているな」

「いつもより敏感になっている気がする」

「触った感じが、ちょっとざらついている?」

みなさんの主観的判断で構いません。

肌の状態は、毎日変化しています。また、同じ日でも、朝と夜では、まったく違うかもしれません。

そうした**変化に対して敏感になることで、より一層、肌に対して愛着を持てるようになるでしょうし、「もっと肌を良い状態にしたい!」というモチベーションも高まるものです。**

特に、リペアリングキャンプを始めると、肌の状態は日に日に改善していきます。ほんのわずかな違いにも敏感に気づくようになりますし、肌だけでなく、髪の毛や爪など、全身の状態にも意識が向くようになります。

それは、肌がキレイかどうかという問題だけでなく、全身からにじみでる美しさにもつながっていくでしょう。もっと言えば、美しさをキープしていることからくる自信や自尊心にもつながって、いままでよりも、もっと積極的でポジティブな考え方ができるようになるかもしれません。

キレイな人は、いつも堂々としていて背筋も伸び、シャンとしているように見えますよね。これは、自分に自信があるからです。

リペアリングキャンプで、ちょっとした肌の変化に気づけば、これと同じことがあなたにも起こります。

つまり特別な化粧に頼らずとも、自分の素顔に自信が持てるようになり、どんなことでもポジティブに乗り越えられるような、無敵のオーラがにじみでるのです。

ただし、自分の素肌を観察する時に気をつけてほしいのが、あまりベタベタと触りすぎないということです。特に、肌をこすらないように気をつけてください。

こすると肌に強烈な刺激となって、肌のバリア機能を破壊してしまいます。リペアリングキャンプをして、せっかくキレイな肌に整ってきているのですから、その努力を無駄にしないようにしましょう。

健康的で美しい肌は、軽く触れてみるだけでもわかります。手触りはサラサラとして、ちょっと乾燥しているくらいでちょうど良いのです。

また、鏡で見るとキメが整っていて、くすみや色ムラが改善していると思います。光を当ててみると、キメが整っているかどうかがわかりやすいでしょう。

これが、肌本来の地肌力が目を覚ましつつある証拠。こうした変化に気がつけば、ますます肌を大事に思うようになり、合成界面活性剤のような肌に害を与えるものを塗りたくっていた過去の自分が、恐ろしく思えてくるはずです。

女性の肌は生理周期で調子が変化する

生理前になると肌荒れが起きやすい、あるいはニキビができやすくなる、という人は多いと思います。人によっては、肌が荒れ始めて「そろそろ生理になるな」と気づくこともあるだろうと思います。

肌は、健康のバイオリズムを示すもの。自分の体感よりも、いち早く肌は健康の状態を教えてくれるのです。

そもそもなぜ、生理前になると肌荒れが起きやすくなったり、ニキビができたりするのでしょうか。

それは、**女性ホルモンの変化が原因となっています**。

ホルモンとは、生命機能を維持する働きを持つ重要な情報伝達物質のこと。体内では無数のホルモンが働いていますが、中でも女性ホルモンは生理周期の影響を受けたり、年齢によって分泌量の変動が大きかったりするため、女性の健康状態に大きな影響を与えています。

女性ホルモンは主に卵巣で作られ、「エストロゲン（卵胞ホルモン）」と「プロゲステロン（黄体ホルモン）」の2種類があります。簡単に言うと、エストロゲンは女性らしい体を作り、プロゲステロンは妊娠の準備をする役目を持っています。

エストロゲンとプロゲステロンの分泌量は、一定の周期で増減をくり返しています。

エストロゲンは、生理後から排卵の間に分泌量が増加します。エストロゲンには、代謝をアップしたり、肌ツヤを良くしたり、精神状態を安定させたりと、とても嬉しい効果があるので、エストロゲンの分泌が多くなる時期には「なんとなく調子が良いな」と感じるはずです。

一方、プロゲステロンは、排卵から次の生理にかけて分泌量が増加します。プロゲステロンは排卵を合図にして、妊娠にふさわしい体に整えようとするため、栄養や水分をがっちり体内に溜め込もうとします。太りやすくなったり、むくみやすくなったりして、気分が沈みがちになるのもこの頃です。

さらに、生理の1週間前くらいになると、プロゲステロンの分泌量が最大量に達し、皮脂の分泌も活発になります。そのため、あごや口周りにニキビができたり、肌の状態が不安定になって炎症を起こしやすくなったりします。

これが、生理前になると肌荒れやニキビになりやすい理由です。「生理前になると肌荒れが起きるからイヤだな」と感じていた人も、原因がわかれば「妊娠しやすい体に整えるため、きちんと女性ホルモンが分泌されているからなんだ」と納得できますし、自然とイライラもおさまってくると思います。


とはいえ、毎月肌の調子が悪くなり、精神面でもイライラが募るのは辛いですよね。できるなら、いつでも肌は絶好調でいてほしいものですし、気分も明るく、ストレスなく過ごしたいものです。

そんな時にも、ぜひ、リペアリングキャンプを実践してみてください。

リペアリングキャンプを行うのに、不都合な時期はありません。もし、生理前で肌が敏感になっていて、乾燥がひどい場合には、ワセリンなど肌にやさしい保湿剤を使うのもよいでしょう。

むしろ生理前のように、肌荒れを起こしやすい時期だからこそ、リペアリングキャンプを続けることによる価値や効果を実感しやすいのではないかと思います。

リペアリングキャンプは、ただ、肌をキレイにするものではありません。肌の調子が良くなると気分も上がり、自然と笑顔が増えるでしょう。心に余裕が生まれ、自分に自信が持てるようになり、周囲の人にもやさしく接することができるはずです。

つまり、**リペアリングキャンプは肌をキレイに整えるだけでなく、心も健康でハッピーに整え、周りの人たちとのコミュニケーションも円滑にしてくれるのです。**

肌のコンプレックスを減らすことができれば、その分、自分に自信が持てるようになるはずです。ぜひ、リペアリングキャンプを続け、日々の生活にもっと笑顔を増やしてみましょう。

人間は地球上において不自然な存在

サルが人類に進化したのは、いまから約900万年前のことだと言われています。なぜ、サルから人類に進化したのかについては、まだはっきりとされていませんが、おそらく気候変動によりアフリカが乾燥し、人類は食べものを得るために森林からサバンナへ生活環境を変えざるを得なかったのではないか、と考えられています。

その後、人類は猿人、原人、旧人、新人へと、着々と進化を遂げてきました。

なぜ、人類は何百万年も生き延びることができたのか？

それはおそらく、人類がこの地球上において「不自然な存在」だったからです。人間以外の動物は〝裸〟で暮らし、火を起こさず、冬眠や渡り（鳥）、回遊（魚）などで環境に合わせて生き延びることしかできませんでした。

しかし、人間だけは衣服を身につけ、火を起こし、エアコンの効いた建物など身の回りの環境を自在に変えることで、どこにいても生き延びることができたのです。

自然界に存在するあらゆる生きものがなし得なかった不自然なことができたからこそ、人類は誕生から数百万年経ったいまでも、繁栄し続けているのです。

人類とは、この地球上において不自然な存在である——。

そう考えれば、皮脂膜という、天然の高級保湿クリームを合成界面活性剤でわざわざ落としてから、またもや合成界面活性剤がたっぷり使われた人工の保湿クリームを皮膚に塗るという〝不自然〟なケアも、ある意味、人間らしい行為と言えるかもしれません。

いま、あなたは「人間らしい不自然な生き方を継続する」か、あるいは、「他の生物にならい、自然でありのままの生活に戻る」か、選択することができます。

「人間らしい不自然な生き方を継続する」を選択するなら、これまで同様、合成界面活性剤がたっぷり入った化粧水や保湿剤を使って、皮膚をケアすれば良いでしょう。

ただし、皮膚は一見、潤ったように見えても実は目に見えないところでバリア機能がどんどん破壊され、地肌は乾燥し、刺激に弱くなり、皮膚のなかではたえず炎症が起こっている状態になります。

もし、「自然でありのままの生活に戻る」を選択するなら、リペアリングキャンプを行って合成界面活性剤の使用を一旦休止し、マイナスの状態に落ち込んでいる肌の状態をプラスマイナスゼロの状態に戻すところから始めてみると良いでしょう。

人によって、いろいろな考え方があると思います。

「科学の力で生まれた高級化粧品を使って、美しく飾るのが好き」という人もいるでしょうし、「必要以上に飾らず、できるだけナチュラルな暮らしがしたい」という人もいるでしょう。

どちらが正解で、どちらが不正解かを、決めつけることはできません。

それでも私は、**肌本来が持っている地肌力を最大限に活かしたスキンケアの方が、生身の人間には最適だ**と考えています。

もちろん、「衣服を着ているのは不自然だ。神話に登場するアダムとイブのように、裸で過ごせ」と言うつもりはありません。

「文明を捨てよ！」と革命家になりたいわけでもありません。

ただ、できる限り自然に近い状態で、肌本来の地肌力を取り戻すことの価値をお伝えしたいだけなのです。

それは、私自身が体験したことであり、また、多くの患者さんもその価値を実感していることだからです。

一人でも多くの方がリペアリングキャンプを実践することによって、あらゆる肌の悩みから解放されることを心より願っています。

化粧品メーカーへのお願い

私は実体験も踏まえ、「何もしないこと」が皮膚にとって一番良く、それが正論だと考えています。この本ではスキンケアにおける正論を述べています。

でも、「理論はわかったけれど実行できない」という人も多いと思いますし、この理論をすべての人に押しつけようとは考えていません。多様性（ダイバーシティ）の時代にあらゆる価値観は存在していますし、それらを否定するつもりもありません。

体に悪いとわかっていてもやめられないものに糖質いっぱいのスイーツ、脂質たっぷりの食事、飲酒、喫煙などがありますが、化粧も、悪いと言われてもなかなかやめられないもののひとつではないでしょうか。逆に悪いことほど魅力的だったりしますよね。

化粧をすることでウキウキしたりワクワクしたり、「私も広告に出ているキレイなイメージキャラクターみたいになれるかも……」と思ったり、「キレイになったらがんばれそう」と思ったり、化粧にはいろいろなメリットもあります。

人間は、理屈や正論ではなかなか行動できないものです。行動の原動力はウキウキしたり、ワクワクしたり、幸せな気持ちになれたり、また、しっくりくる、好奇心が満たされるなどの感情です。

これらの感情は脳内で快楽物質であるドーパミンが分泌されることで起こります。そしてまたこの快楽を求め同じ行動をしたくなるのです。

そこで、いままでの価値観とはまったく異なる行動をとるためにはどうしたら良いか。それは何もしないことにウキウキ、ワクワクしてドーパミンを分泌させれば良いのです。リペアリングキャンプもそこにウキウキ、ワクワクできる感情をプラスすることでストレスなく楽しく実行できるようになってきます。

このように、「何もしないこと」を推奨するリペアリングキャンプは、ともすると、化粧品メーカーの方たちの努力を全否定するように思われるかもしれません。

私は、**界面活性作用を持つものを、すべて否定しているわけではありません。**

産業界では、「困ったことがあればまず界面活性剤に聞いてみよ」と言われるほど、界面活性剤は多機能かつ高機能の物質で、メイクアップ化粧品、洗顔料、保湿剤、日焼け止めなど、ほぼすべての化粧品やスキンケア用品に使用されています。

また人体においても、細胞膜を構成するリン脂質や、保湿効果のあるセラミドは界面活性剤と同じ構造ですし、汗や皮脂にも界面活性成分は含まれています。

これらのことを踏まえ、人体に存在する界面活性成分よりも界面活性作用の弱いもの、もしくは、皮膚のバリア機能の指標である経表皮水分蒸散量（ＴＥＷＬ）を上昇させない（すなわち、皮膚バリアを障害しない）界面活性剤を使用して、製品の開発に努めていただきたいと考えています。

現在では「ドクターズコスメ」と呼ばれる製品が多数開発され、多くの医師が化粧品会社とタッグを組んで、優れた性能を持つ化粧品やスキンケア用品をたくさん生み出しています。私も、その一人です。

また、他の業種から化粧品業界に参入して、画期的な製品作りに取り組んでいる企業もあります。

化粧品やスキンケア用品は、多くの人にとって夢であり、憧れです。ぜひこれからも、その気持ちを大事にして、真の意味で肌にやさしく、心身の健康を育むような製品作りに取り組んでいただきたいと切に願っています。

おわりに

現在は、情報過多の時代です。雑誌を見ても、インターネットで検索しても、さまざまなスキンケアの方法が紹介されています。

なかには、医学的あるいは科学的に誤っている「トンデモ系」の情報もあったりして、いったいどれが正しくてどれが間違っているのかわかりません。

医師でさえ、あやうくだまされてしまうことがあるほどですから、一般の方にとっては本当に紛らわしくて、「いろいろなスキンケア用品に手を出したけれど、結局、効果があったかわからない」、そんな人も多いのではないかと思います。

本書は、そんな「スキンケア難民」を救う決定版です。

洗剤などに含まれている合成界面活性剤は、実は、化粧品やシャンプーなどにも含まれている。だから、皮膚のバリアを壊すので、肌には何もつけたり塗ったりしない方が良い——。

そういう話を聞いたことがある人もいるでしょう。確かに、それは真実です。

だからといって、「合成界面活性剤をやめた方が良いことはわかったけれど、本当に、何もつけたり塗ったりしなくて大丈夫?」という疑問を感じることもあるかもしれません。
それについても本書では、生物の進化とその過程で人体が獲得した「地肌力」をもとに、わかりやすく解説しています。

ファスティング(断食)をすると内臓が休まり、その結果、体調が良くなるように、肌にもリセットが必要です。

普段のケアを一切やめて、肌本来の「地肌力」をよみがえらせる。つまり、**「リペアリングキャンプ」は、何十年も誤ったスキンケアを続けたせいで疲れ切った肌を、すっきりリセットしてくれる、肌の休息期間なのです。**

肌が強く、どんなケアをしても何のトラブルも起こさないという人でも、本音を言えば化粧は面倒ではないでしょうか?

もし化粧をしないで済むのなら、したくない人も多いと思います。

化粧をすることが本当に大好きで、化粧をすることでワクワクしたり、楽しくなったり、しかも、どれだけ厚塗りしてもなんのトラブルも起こさないという人は、いままで通りの化粧生活を続けていただいて良いと思います。

しかし、「化粧トラブルは起こさないけれど、実は、化粧は面倒だと思っている」という人にも、リペアリングキャンプはお勧めです。

なんの手入れをしなくても特に問題は起こりませんし、スキンケア用品や化粧品を購入するお金もかかりません。スキンケアをしたり、化粧をしたりする時間も省略できます。

さらに、真の素肌美人になれるわけですから、リペアリングキャンプをやらない手はないでしょう。

少しでもリペアリングキャンプに興味を持ったら、さっそく挑戦してみてください。

誰でも気軽に行うことができるように、ここでは「ソフトリペアリングキャンプ」と「ハードリペアリングキャンプ」、さらには「スーパーハードリペアリングキャンプ」という3つの方法を提案しています。

「強い意志がなければ達成できない」というわけでもありませんし、「特別なスキンケア用品を買わなければできない」というわけでもありません。

すべての人が、自分の目的やモチベーションに合わせてトライできる。それが、私が提唱するリペアリングキャンプの特徴です。

また、リペアリングキャンプ（特にスーパーハードリペアリングキャンプ）は、環境にもやさしく、SDGsの側面もあります。生活排水としての界面活性剤の垂れ流しを減らすことができる、エコな行動なのです。

本書のなかで、私は合成界面活性剤が皮膚に及ぼす悪影響について解説していますが、先述のように界面活性剤をすべて否定しているわけではありません。人体には界面活性作用のある成分が存在していますし、それがなければ、人体そのものを維持することができません。

また、化粧をすることも全否定しているわけではありません。化粧をすることで明るい気持ちになれたり、前向きになれたり、いろいろなメリットがあることもわかっています。化粧をして、なんのトラブルもない人に、リペアリングキャンプを押しつけるつもりもありません。

私がお話ししたいのは、**世の中にあふれかえるありとあらゆる情報に惑わされず、正しい知識をもとに自分の頭で考えて行動をしてもらいたい**ということです。

「知らないで（時にはだまされて）やること」と、「きちんと理解したうえで選択すること」では、結果的にやっていることは同じでも意味が違います。また、どんな結果に至ろうとも、自分に対して責任を持った行動ができるのではないでしょうか。

地肌力を高めるために、リペアリングキャンプが唯一の手段、ということではありません。一人ひとりの体質や好み、ライフスタイル、性格などによって、別の手段の方が適していることもあるでしょう。

いずれにしても、ふわふわとしたCMのイメージや玉石混交の情報などに惑わされず、肌の力を高めるための、真のスキンケアを見つけてほしい。そして、イキイキとした健康な肌を取り戻し、笑顔があふれる毎日を過ごしてほしい。

リペアリングキャンプでそのお手伝いができれば、とても幸せに思います。


最後に、この場をお借りして、感謝の言葉を伝えさせてください。

はじめての著書を担当していただいた自由国民社の竹内尚志編集局長。出版への夢を実現に導いてくださった天才工場の吉田浩さん。合同会社シンシアリティの大岸誠治さん。出版初心者の私を担当し心温かく導いてくださったスタッフのみなさん。そして、何と言っても日々私にいろいろなことを教えてくださる患者さんや友人、関係者のみなさん、本当にありがとうございました。

いつも私を心からサポートしてくれている妻にも、改めて感謝を伝えたいと思います。

２０２３年６月

西 正行

参考文献

書籍

『何歳からでも美肌になれる！』天野佳代子（小学館）

『「肌」の悩みがすべて消えるたった1つの方法』宇津木龍一（青春出版社）

『オトナ女子のための美肌図鑑』かずのすけ（ワニブックス）

『ウソをつく化粧品』小澤貴子（フォレスト出版）

『おもしろい！ 進化のふしぎ ざんねんないきもの事典』今泉忠明監修（高橋書店）

学会誌

『香粧会誌』

ホームページ

「ヨムーノ」

「マイナビウーマン」

「maruho」

「日本医薬品添加剤協会」

「東京イセアクリニック」

「アセント石鹸」

「アルージェ」

「TAISHO BEAUTY」

「ナショナル ジオグラフィック」

「健康美塾」

「Cosmetic-Info.jp」

「Mama&Kids」

「ぷろろ健美堂」

「ロート製薬」

「日本石鹸洗剤工業会」

「常盤薬品工業」

「IN YOU」

「LALA MAGAZINE」

「ルベル」

「化粧品成分オンライン」

「再春館製薬所」

「チョコラドットコム」

「ルメディア」

「サンソリット」

「持田ヘルスケア」

「大正製薬」

「資生堂」

「クラシエ」

「ラ ロッシュ ポゼ」

「花王」

「小林製薬」

「Maison KOSÉ」

「academist Journal」